紫砂壶鉴藏全书

《紫砂壶鉴藏全书》编委会　编写

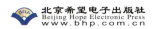
北京希望电子出版社
Beijing Hope Electronic Press
www.bhp.com.cn

内 容 简 介

本书以独立专题的方式对紫砂壶的起源和发展、时代特征、鉴赏要点、收藏技巧、保养知识等进行了详细的介绍。本书内容丰富，图片精美，具有较强的科普性、可读性和实用性。全书共分三章：第一章，认识紫砂壶；第二章，紫砂壶的制作工艺；第三章，紫砂壶的真假鉴别。本书适合紫砂壶收藏爱好者、各类紫砂壶研究机构、拍卖业从业人员阅读和收藏，也是各类图书馆的配备首选。

图书在版编目（CIP）数据

紫砂壶鉴藏全书 / 《紫砂壶鉴藏全书》编委会编写
. — 北京：北京希望电子出版社，2023.3
ISBN 978-7-83002-374-4

Ⅰ. ①紫… Ⅱ. ①紫… Ⅲ. ①紫砂陶－陶瓷茶具－鉴赏－中国②紫砂陶－陶瓷茶具－收藏－中国 Ⅳ.
①K876.34②G262.4

中国国家版本馆CIP数据核字(2023)第019740号

出版：北京希望电子出版社	封面：袁　野
地址：北京市海淀区中关村大街22号	编辑：周卓琳
中科大厦A座10层	校对：全　卫
邮编：100190	开本：710mm×1000mm　1/16
网址：www.bhp.com.cn	印张：15
电话：010-82626270	字数：259千字
传真：010-62543892	印刷：河北文盛印刷有限公司
经销：各地新华书店	版次：2023年3月1版1次印刷

定价：98.00元

编委会

（按姓氏拼音顺序排列）

戴军　董萍　冯倩　鞠玲霞　李翔
李建军　李俊勇　李斯瑶　连亚坤　刘士勋
刘迎春　吕凤涛　吕秀芳　马楠　裴华
孙玉　王俊　王丽梅　王忆萍　王郁松
魏献波　向蓉　谢宇　徐娜　许仁倩
杨冬华　于亚南　战伟超　张新利　章华
赵梅红　郑小玲　周重建　朱进

目录

第一章

认识紫砂壶

附录一

历代著名紫砂艺人

附录二

历代紫砂专著简介

附录三

明代至民国初年常见紫砂款识一览表

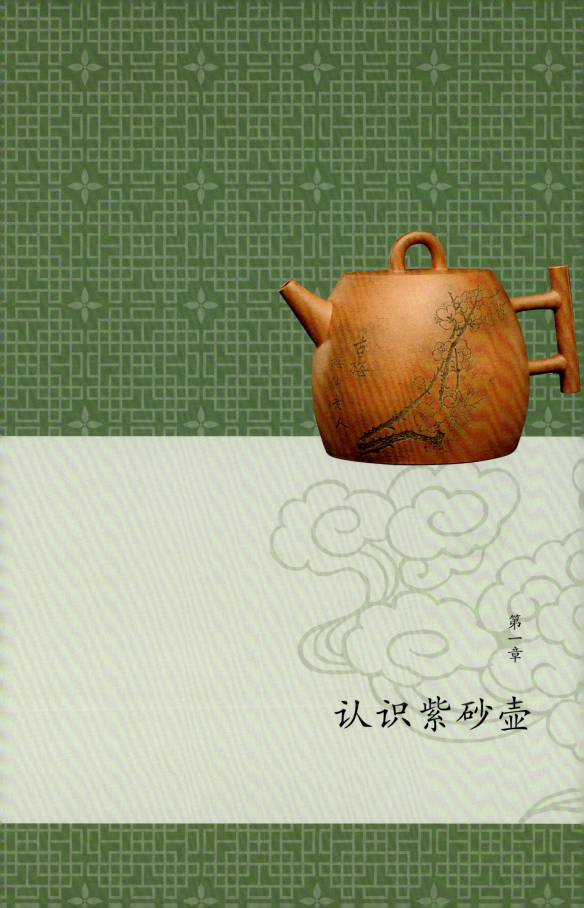

第二章

认识紫砂壶

　　陶器是人类最早使用的器皿，是以泥土为材料制成的。陶器有许多种，如江苏的紫砂陶瓷、广东的石湾陶、山东的博山陶、安徽的阜阳陶等。在陶器茶具中，最负盛名的是江苏宜兴丁蜀镇的紫砂陶，它非常适合茶性，色泽丰富，是世界公认质地最好的茶具。

　　自宋代开始，紫砂陶随着饮茶方法的改变，占据了茶具的领头地位，至明代大盛，清代又进一步发展。目前，紫砂茶具的艺术价值远远超过了它的实用价值。

　　紫砂壶是从煎煮茶饼的大砂罐演化而成，其色泽由土黄发展到以紫色为主，形状也从大到小。它的美，在于壶泥、壶色、壶形、壶款、壶章、题铭、绘画、书法、雕塑、篆刻等方面。

一
紫砂壶的形体结构

　　一把紫砂壶可分为壶纽、壶盖、壶把、壶嘴、壶身、壶底和气孔7个部位。

1 | 壶纽

　　壶纽也称"的子"，为揭取壶盖而设置。壶纽相对紫砂壶来说，很小，看似不起眼，实则起到"画龙点睛"之功，是茗壶设计的关键。常见的壶纽如下：

△ **潘虞荣制紫砂莲子壶　清中期**

（1）球形纽

球形纽是最常见的壶纽形式之一，多用于圆壶，形状呈珠形、扁笠、柱形，取壶身缩小或倒置造型，造型简洁。

△ 潘忻宝制紫泥宫灯壶　清乾隆

高10.4厘米，宽14.5厘米

△ 邵忠佑制紫泥大莲子壶　清乾隆

高12.5厘米，宽21.2厘米

（2）桥形纽

桥形纽像拱桥，有圆柱状、方条状、筋文如意状。作环形设单环、双环，也叫"串盖"。

△ 荆溪华亦林矮汉方　清中期

高15.5厘米

△ 杨履康制泥绘山水图如意圆灯壶　清乾隆

高12.7厘米，宽18.3厘米

△ 杨彭年制义泉铭诗文石瓢壶　清道光

宽15厘米

（3）瓜柄形纽

瓜柄形纽是花塑器常用的纽式，如南瓜柄、西瓜柄、葫芦旁附枝叶等，造型生动。

（4）树桩形纽

树桩形纽是依据植物或瓜果的形态捏制而成，如葡萄、梅桩、竹根等。

（5）动物形纽

动物形纽源于印纽，呈狮、虎、龙、鱼等造型，有写实、抽象变形、仿古手法之别，要求与主体统一协调。

△ 紫泥螭纽圆壶　清乾隆

高18.2厘米

△ **杨彭年制曼生铭三兽壶　清嘉庆/清道光**

高10.8厘米，宽13.3厘米

2 | 壶盖

　　壶盖有压盖、嵌盖、截盖等形式，好的壶盖应具有直紧、通转、防尘、保温的特点。

　　（1）压盖

　　压盖又名完盖，壶盖覆压于壶口之上的样式，边缘有方线、圆线之分，但均与壶口相呼应。与口置平的泥片叫座片，弯起的泥片叫虚片，壶口泥片名坨子，壶墙的泥圈名子口。壶盖稍大于壶口之外径的，业界称为"天压地"。

△ **片霞浮石井款朱泥文旦壶　清早期**

宽16.8厘米

△ 朱泥镂空双清壶　清早期
宽19厘米

（2）嵌盖

所谓嵌盖，指壶盖嵌于壶口内的样式，与壶身融于一体。嵌盖工艺要求严密、精缝、通转，达到"准缝如纸、发之隙"者为精品。嵌盖又分为以下两种。

平嵌盖：口与壶口呈同一平面，常见的有圆形、方形、异形、树桩形等。

虚嵌盖：与壶口呈弧形或其他形状，形制规整。口部以装饰线处理，有直口、瓢口、雌雄片口等。

△ 朱泥太师少师纽贴花夔龙纹大壶　清康熙
高15厘米，宽20厘米

△ 四方绞泥壶
高9.1厘米，宽14厘米

△ **铄金壶**
高8.5厘米，宽19厘米

△ **鱼化龙壶**
高9厘米，宽18厘米

△ **贴花提梁壶**

高15厘米，宽14厘米

（3）截盖

截盖是紫砂壶特有的一种壶盖形式，以壶整体截取一段作壶盖而得名。这种壶盖与口大小合适，外轮廓线相互吻接，可谓天衣无缝，给人简洁、流畅、明快、整体感的艺术特点。截盖有克截盖和嵌截盖之分。

△ **葫玉壶**
高8厘米，宽14.5厘米

3 | 壶嘴

壶嘴也称为"流"，为注茗而设置。好的壶嘴要求出水通畅而不涎水，注水七寸而不泛花，直泻杯底无声响。若壶嘴工艺不佳，倒水时流口会顺着沿儿往下流水。

壶嘴属于紫砂壶的附件之一，若与壶体连接处有明显的界限，称为明接；若无明显的界限，称为暗接。依据传统模式，壶嘴可分为一弯嘴、二弯嘴、三弯嘴、直嘴等。

（1）一弯嘴

一弯嘴俗称一啄嘴，形如鸟啄，多采用暗接方式处理。

（2）二弯嘴

二弯嘴的嘴根部较大，出水流畅，明接和暗接方式均常见。

（3）三弯嘴

三弯嘴是模仿铜锡壶的造型，早期壶式多使用该嘴型，多以明接方式处理。

（4）直嘴

直嘴形式简洁，出水流畅，明接和暗接皆可见。

壶嘴在以上基本形的基础上，还可加以其他装饰，不一而足。

△ 磨光提梁壶　清代

高14厘米，宽10.5厘米

△ 白泥笠帽壶　清代

高10.8厘米

4 ｜ 壶把

　　壶把为紫砂壶注水时握持的部分，位于壶肩至壶腹下端，与壶嘴对称。壶把有端把、横把和提梁三大类。

　　（1）端把

　　端把也叫圈把，具有使用方便、变化丰富的特点。把、口和嘴三点呈水平分布，对称状。

△ 紫泥四方葵帽壶　清康熙

宽17.3厘米

△ 逸公款紫泥诗文壶　清代

宽17.3厘米

△ 玉成窑王东石制刻梅花汉铎壶　清晚期

宽16厘米

（2）横把

横把源于沙锅之柄，多见于圆筒形壶。

（3）提梁

提梁吸取铜器等器形的壶式，分为硬提梁、软提梁两种。提梁的工艺要求：提梁的大小与壶体协调；高度以手提时不碰到壶盖的纽为宜。光素器、花塑器均可见提梁式壶把。

△ 包银提梁壶　明代

高19厘米，宽18厘米

△ 高升提梁壶　明代

高16厘米，宽13厘米

△ 紫泥提梁圆筒形壶　明晚期

高25厘米

△ 紫泥褐釉绳纹纽圆壶　清乾隆

高21厘米

5 │ 壶身

　　壶身也叫壶体，壶身变化多样，但基本形状不外乎球形、桶形、方形、碗合形四种。

　　（1）球形

　　球形是中国紫砂壶的传统器型，有的是圆球形，有的为半球形。壶身上下可高可矮，高的如莲贡壶，中等的如秦权壶，扁的如柿子壶。

◁ **朱泥文蛋壶　清代**
高9.8厘米

▷ **掇球壶　清代**
高10.8厘米，宽10厘米

（2）桶形

紫砂壶之桶形大约于清末民初创制，造型简练，使用方便，宜把玩，便于提携。桶形又分为以下四种基本形。

直立桶形：如牛盖洋桶壶、德钟壶、柱础壶、双圈桶壶等。

异形直立变化桶形：如树段壶、松段壶、高柏段壶、矮梅段壶等。

上小下大桶形：如石瓢壶等。

上大下小桶形：如花盆等。

△ 描金山水楼阁渔舟图德钟壶　清嘉庆

△ 天柱壶

宽17.5厘米

△ 掇球壶

高12.5厘米，宽16厘米

△ 三足壶

宽13.5厘米

△ **掇球壶**
宽18.5厘米

△ **仿古壶**
高6.8厘米，宽13厘米

（3）方形

方形属于传统造型之一，成型工艺是紫砂泥片裁切成各种规格的泥片，然后镶接成型。如僧帽壶、砖方壶等，都属于此类。方形壶身的制作技艺和工艺水平要求较高。

（4）碗合形

碗合形是泥片经过虚坨成型后再黏合起来的身筒，如合欢壶、合盘壶、线云壶等。

6 | 壶底

壶底足也是紫砂壶造型的一个主要部分，底足的大小和形式处理恰当与否，直接影响壶的整体造型和视觉冲击力。壶底一般分为以下四种。

（1）平底

平底即在壶底平封一片泥片，形制拙朴，手法简单，茶壶安置最稳妥。平底烧制时的要求是不变形、不起翘。

（2）一捺底

一捺底为紫砂壶特有的样式，形式似在皮球上用力按一下，使原来的球面瘪陷成一个凹窝。凹窝的四周就成为足。一捺底在紫砂圆器中较常见。

（3）假底

假底是在壶身成型时加一道足圈，并用脂泥复合嵌接，也叫"挖足"。加底、脚圈应视主体造型而设置，加工处理时有的借鉴花盆底足工艺手法。

△ **乳瓯壶　清代**

高7.8厘米，口径5.6厘米

此壶色呈橘黄，器形小巧，直流，弯把，截盖鼓起，盖钮扣乳头，中穿一孔，此乃"乳瓯"壶名的出典。壶身一侧镌刻篆书"横云"二字，另一侧镌刻"此云之腴，之不癯。祥伯为曼公铭并书"。底钤篆是文"阿曼陀室"方印，把上钤"彭年"二字篆书阳文小方印。此壶现藏南京博物院。

△ **海棠壶**
高6.5厘米，宽18厘米

△ **扁樱壶**
高7.6厘米，宽16厘米

（4）钉足

钉足源于铜器鼎足，以钉足支架壶体，钉脚有高、矮、粗、细之分，均应与壶体相协调。紫砂壶圆器一般用三支钉足，方器用四支钉足。

7 | 气孔

气孔位于壶盖上，宜兴紫砂壶一定会有气孔，这既是历史的传承，也是用紫砂壶品茗的需要。

紫砂壶往外倒水时，空气通过此气孔进入壶内，壶嘴才能倒出茶水。制作工艺好的紫砂壶，用手指堵住气孔时，壶嘴是倒不出水来的。

另外，壶嘴出水的状况也与气孔大小有关。例如，当从壶内倾倒出水时，其水流呈现跳跃状，还伴有"突、突、突"的声音，或水流扭转泛花，可能是因为气孔的孔径过小，空气进入壶内时受阻，形成间歇性"气塞"有关。因此，气孔的大小直接影响到茗壶的出水流态，影响到紫砂壶的质量优劣。

二
紫砂壶的造型之美

紫砂壶传承千载，造型丰富，式样繁多，规格齐全。为紫砂壶分门归类，可助人们更好地认识紫砂壶。

根据造型式样的差别，紫砂壶可分为几何形体造型、自然形体造型、筋纹器造型、博古器造型、水平壶和茶器造型五种类别。

1 | 几何形体造型

几何形体紫砂壶造型，是根据球形、筒形、立方、长方及其他几何形变化而来的，是最常见的造型，俗称"光货"。其造型讲究立面线条和平面形态的变化。几何形体紫砂壶造型又可分为圆器和方器两种。

（1）圆器

圆器即是以圆体或其变形形体为造型的紫砂壶。按其所作的一般形状，有圆壶、扁壶和直筒壶之分，而按其所作的具体形状，每种壶中又含有许多种壶。

圆器造型讲究"圆、稳、匀、正"，并要求"柔中寓刚"。珠圆玉润之圆中要有变化。壶体本身以及附件的大小、曲直要匀称，比例要恰当，整个造型要端正挺括。紫砂传统造型掇球壶、仿古壶和汉扁壶等，就是紫砂圆器茶壶的典型造型。

圆壶一般是腹作圆形或接近于圆形，如香港茶具文物馆藏的清代杨履干款泥绘山水圆壶，其高10.3厘米，宽10.8厘米，嵌盖，执把，曲流，圆腹，圈足。圆壶分出的具体款式，主要有掇球壶、圆珠壶等。掇球壶不仅腹作球状，盖也呈半球形，似小球掇于大球上。如宜兴陶瓷陈列馆藏的清代友廷款掇球壶。如果球变扁，则称扁掇球壶，如南京博物院藏的民国程寿珍款扁掇球壶。掇球壶为给人们一个叠球的感觉，一般都要出颈，以增加高度。圆珠壶是壶与盖连成一体，浑圆似珠而名，如宜兴陶瓷陈列馆藏的清代友廷款一粒珠壶。为使这种壶浑圆，常做截盖。

△ **朱砂狮纽圆壶　清早期**
高11厘米

△ **紫泥调砂玉带壶　清早期**
宽20厘米

△ **潘禹玉制平盖莲子壶　清早期**
高10厘米，宽22.5厘米

△ 紫砂镂空纽圆形大壶　清早期

△ 郑荆玉制紫砂四方壶　清早期

△ 逸公款紫泥诗文大圆壶　清早期
宽26.7厘米

△ 紫砂镂空纽圆形大壶　清早期
宽32厘米

　　扁壶一般形状有两种，一是扁平，一是扁圆。扁平是指腹扁平，如无锡县文物管理委员会藏的明代四系扁壶，两侧扁平、曲流、圈足，有四耳而无把，款式划一，且只见于明代。扁圆是指腹扁圆，如南京博物院藏的清代彭年款扁壶。这种壶款式较多，其中，扁腹自肩部起棱而后向下圜底者，叫"汉扁壶"，如南京博物院藏的清代大炳款汉扁壶；扁腹自下腹起棱再向下圜底者，称"石铫壶"，如上海已故画家唐云藏的清代彭年款石铫提梁壶；扁腹中围腰而上下收折者，称"汉君壶"，如南京博物院藏的清代东溪仿古款汉君壶；扁腹作合盘者，称"合欢壶"，如南京博物院藏的清代曼生铭合欢壶；扁腹肥坠者，称"横云壶"，如南京博物院藏的清代阿曼陀室铭横云壶；扁腹呈圈栏的，称"井阑壶"，如南京博物院藏的彭年款仿古井阑壶。

△ 杨彭年制紫泥刻诗文扁石壶　清道光
宽15厘米

△ **点彩美人肩壶　清代**
高9.2厘米，宽11.5厘米

　　直筒壶一般作圆筒形，如南京博物院藏的清代少山款泡光直筒壶，即壶作圆筒形，曲流，铜制活提梁，不仅通体抛光，还铜箍底边、肩沿、流口、口沿、盖沿，并配有铜纽。其除作提梁外，还有作执把的，如江苏省文物商店藏的清代少山款直筒壶。这种壶，清代著名紫砂壶设计家陈曼生称为"汲直"壶，并为它题铭曰："苦而旨，直其体，公孙丞相甘如醴。"

　　（2）方器

　　方器即以方体或其变形形体为造型的紫砂壶。方器造型讲究"方中寓圆"，要求器皿线面挺括平正，轮廓线条分明。不论是几方形的造型，紫砂壶口盖必须规矩划一，任意转动壶盖，口盖准缝吻合。紫砂传统造型四方桥顶壶、传炉壶、僧帽壶、雪华壶等就是紫砂方器茶壶的典型造型。按其一般形体，分四方壶和六方壶两种，而在每种壶中，又可分出若干造型。

　　四方壶规整的呈正方形，如南京博物院藏的清代彩釉花卉方壶。这种壶，陈曼生称之为"方壶"。为其刻铭曰："内清明，外直方，吾与尔偕享。"苏州文物商店藏的清代云蝠、方壶，就是这样的一把壶，它既作正方形，又有上述的曼生铭。变体的四方壶，有壶身加宽成长方扁壶者，如香港茶具文物馆藏的明末清初共之款长方扁壶；有壶身拉高成方柱壶者，如南京博物院藏的清代石梅摹古款方柱壶；也有鼓腹或缩身的含有数款壶型，其中，腹部中鼓而略下

△ **紫泥四方开光方壶　清乾隆**
宽22厘米

△ **紫泥泥绘山水纹方壶　清乾隆**

高19厘米

△ 紫泥泥绘渔翁得利图方壶　清乾隆

高15.5厘米

△ 炉钧釉方壶 清乾隆
高15厘米，宽21.8厘米

△ 静远斋堆泥方壶 清乾隆
高9.5厘米

坠的称为"汉方壶"，如南京博物院藏的清代飞龙款汉方壶；缩身成上小下大者，称"斛形壶"或"斗形壶"，如南京博物院藏的清代介三铭斛形壶。还有圆角的，如宜兴紫砂工艺厂藏的民国国良款四方壶。

　　六方壶规整的作六方柱形，如扬州博物馆藏的大彬款六方壶。变体的不是拉高缩身，就是压矮鼓腹。前者，像北京故宫博物院收藏的清代乾隆御制诗六方壶乃是拉高壶身，下收壶腹而成；后者，像宜兴陶瓷陈列馆藏的清代铭远款六方掇球壶，乃是将壶身压矮，并鼓腹而成。

△ **朱泥狮纽六方壶　清康熙**
高13厘米，宽18.5厘米

△ **宫灯六方紫砂壶　清嘉庆**

2 ｜ 自然形体造型

　　自然形体紫砂壶造型，取材自植物、动物的自然形态，最能代表制壶艺人的匠心独运，以造化为师。因为这种紫砂壶的造型带有一些浮雕、半浮雕的装饰，俗称"花货"。

　　紫砂壶花货主要是用提炼取舍的艺术手法，利用自然形态的变化来造型。另外则是在几何形体上运用雕镂捏塑的手法，将自然形态变化为造型的部件，如壶的嘴和錾。设计花货要表现自然形态最美的部分，并要符合功能合理、视觉美观和使用安全的原则。紫砂传统造型有鱼化龙壶、松竹梅壶、翠蝶壶、荷花壶和藕形壶等，是花货造型的代表作品。

　　（1）树木形壶

　　树木形壶即是指树木形状的壶。有三种形式：一是将整个壶做成树木状，常巧取一段树木而为之，有梅段壶，如南京博物院藏的清代杨氏款梅段壶，它就是取一截梅桩为壶身，然后以梅桩长出的梅枝为壶把、壶嘴和壶纽，周饰枝叶瘿节而成；有竹段壶，如宜兴陶瓷陈列馆藏的清代杨氏款竹段壶，乃是取一段粗竹为壶身，再以竹枝为壶把、壶嘴和壶纽而成；有松段壶，如宜兴陶瓷陈列馆藏的清代鸣远款松段壶，也是取一段松桩为壶身，又以松枝为壶把、壶嘴和壶纽而成。或是作束柴状，如香港北山堂藏的清代陈鸣远款束柴三友壶、香港茶具文物馆藏的明代陈仲美款束竹壶、扬州文物商店藏的清代杨彭年款束竹壶、南京博物院藏的清代大亨款八卦纹束竹壶；也有作树叶形的，其简单的像香港茶具文物馆藏的清代壶痴款蕉叶壶，是将壶做成一片蕉叶，其复杂的像香港中文大学文物馆藏的清代陈鸣远款桑叶壶，它是将壶做成一团桑叶，其上蚕虫蠕动，又以桑枝为壶把，卷叶为壶嘴，桑叶和蚕虫为壶纽。二是只将壶

△ **申锡制瞿应绍铭白泥梅桩壶　清道光**

高7.5厘米，宽19厘米

△ **壶痴款紫泥印包壶** 清道光
宽18厘米

△ **邵景南制并刻字莲子壶** 清道光
宽14.2厘米

△ **杨凤年段泥台笠壶 清道光**

高7厘米，宽16.5厘米

△ **黄玉麟制磨光三叉提梁壶 清光绪**

高15.8厘米，宽15厘米

的一部分，诸如壶把、壶嘴或壶纽做成树木状，如南京博物院藏的清代陈荫千款竹节提梁壶，只是将壶把、嘴、纽做成竹子的样子而已。又如南京博物院藏的清代郭记款树梁壶，是只将壶把、嘴、纽做成树枝状。三是仅在壶上堆刻或绘一些树木形状，如南京博物院藏的清代堆塑桃枝形壶，是在壶上堆塑出桃枝的紫砂壶，而南京博物院藏的清代伯年刻花提梁壶，则是在壶上刻出折枝花卉的紫砂壶，至于香港中文大学文物馆藏的清代南溪轩款泥绘松竹壶，则是在朱紫色壶上用白泥绘出松竹等的紫砂壶。

△ 黄玉麟制仿供春全段泥树瘿壶　清光绪
宽19厘米

（2）花果形壶

花果形壶即指做成瓜果形或花瓣形的壶。有两种情况：一是取瓜果或花瓣为壶的全部造型，如南京博物院藏的清代陈鸣远款南瓜壶，是以瓜为腹，以茎为盖，以藤为把，以蔓叶为嘴而成。除南瓜壶外，作瓜果形的，有佛手壶，像常州文物商店藏的清代佛手壶；有藕形壶，如镇江文物商店藏的近代张春芬款藕形壶；有莲蓬壶，像苏州文物商店藏的清代陈鸣远款莲蓬壶；有柿形壶，如唐云藏的清代彭年款柿形壶；有的为葫芦壶，如上海博物馆藏的清代曼生铭葫芦壶等，以南瓜壶、柿形壶等较常见，而作花瓣状的，有莲瓣壶，如南京博物院藏的清代莲瓣壶；有兰瓣壶，如香港茶具文物馆藏的明代时大彬款玉兰花瓣壶等，常取花瓣或花蕾而为之。二是将壶的局部堆塑作成花果状，如香港茶具文物馆藏的明代时鹏款水仙花瓣壶，就是将壶的上部作成水仙花瓣的，又如南京博物院藏的清代堆塑菊花提梁壶，是将壶口、盖和足做成菊瓣，又在壶腹堆塑出菊花团的。

△ **梅桩壶**
高13厘米，宽10.5厘米

△ **蒋蔚侯制紫泥菊瓣壶 清雍正/清乾隆**
高8厘米，宽13厘米

△ 南瓜壶
高10.6厘米，宽16厘米

△ 南瓜壶
宽18.2厘米

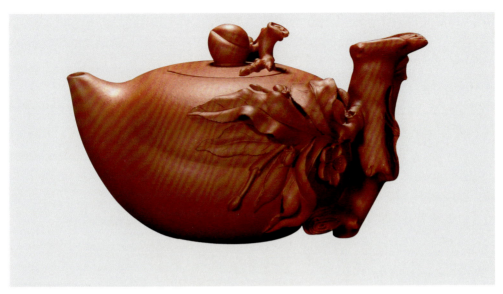

△ **圣桃壶**

长16.5厘米

（3）动物形壶

动物形壶指做成动物形状的壶。也有两种情况：一是以动物为壶形，如香港茶具文物馆藏的清代天鸡壶，就是以天鸡为造型的。天鸡壶传为清代制壶名家陈鸣远所制，清人吴骞在《阳羡名陶录》中说："予尝得鸣远天鸡壶一，细砂作，紫棠色，上镂庾子山诗，为曹廉让先生手书，制作精雅，真可与三代古器并列。"可惜其作今无传世，而能见到的只有这种清代晚期供外销用的天鸡壶。除了天鸡壶外，还有鱼化龙壶，它是将壶做成波涛鱼龙状，以龙头为纽，龙尾为把，卷浪为嘴，如香港茶具文物馆藏的清代大亨款鱼化龙壶、宜兴陶瓷陈列馆藏的清代黄玉麟款鱼化龙壶和宜兴紫砂工艺厂藏的民国俞国良款鱼化龙壶等都是鱼化龙壶，很多藏家都认为是由清代制壶名家邵大亨所创，其实，它是明代制壶名家陈仲美的杰作。明人周高起在《阳羡茗壶系》上说，陈仲美制作的壶有一种是作"龙戏海涛，伸爪出目"，正是今所见鱼化龙壶的形状，只不过其制今不见传，唯有邵大亨、黄玉麟、俞国良等后人所制传世而已。二是以动物为壶的局部造型，一般是作把、纽或嘴，如南京博物院藏的清代绶馥款螭龙云雷纹壶，即是以龙首为嘴、蟠螭为把、伏狮为纽，并饰有云雷纹。

3 ｜ 筋纹器造型

筋纹器紫砂壶是以筋棱为主要造型的紫砂壶，一般是将花木形态规则化，使其结构精确严格，制作精巧的一种陶瓷造型。其特点是将形体分作若干等份，把生动流畅的筋纹组合在精确严格的结构中，形成一个完美的整体。一件成功的筋纹器紫砂壶，其筋纹随着造型的变化而深浅自如，筋囊线条纹理清晰，制作精细，口盖准缝，任意调换壶盖的方向合到口上，都能很滑爽地吻合。

传统紫砂合菊壶、乐盘壶等，就是筋纹器造型中有代表性的产品。如苏州市博物馆藏的清代刻友泉款菱花壶。此款壶据传为明代制壶名家董翰所创，明代周高起《阳羡茗壶系》说："董翰，号后溪，始造菱花式，已殚工巧。"通常由一些花果变形而成，或取花瓣的棱状，如南京博物院藏的清代殷尚款水仙花菱形壶，乃是取水仙花瓣之棱，或取瓜果之棱，如宜兴陶瓷陈列馆藏的民国汪宝根款合桃菱形壶，乃是取核桃之棱。以花瓣式菱形壶较多，常见的有菊花菱形壶，如南京博物院藏的清代合菊壶、有葵花菱形壶，如苏州博物馆藏的清代葵花壶。

4 | 博古器造型

这是以古器为造型的紫砂壶，也为紫砂壶的特色壶之一。这类壶在紫砂壶的分法中，常被人们划入自然型壶，但我们知道，古器乃是历代人类文明的结晶，是属于人文，不应该并入自然之界，而博古造型的紫砂壶，不仅因为古代器物精美而仿之，还有一重挖掘古代文明的意思在里头。清代吴梅鼎在《阳羡茗壶赋》中说，人们制壶常是"稽三代以博古，考秦汉以程功"。所以单列为一类，所作之器从三代鼎彝到秦砖汉瓦，一直到当朝之物，皆有。如南京博物院藏有清代万泉款秦权壶、清代壶痴款印包壶，如上海博物馆藏的清代彭年款半月瓦当壶、香港茶具文物馆藏的明代时大彬款僧帽壶、明代友泉款三足盂壶，上海已故画家唐云藏的清代韵石款博浪椎壶和遍代日岭山馆款汉铎壶等。其中，印包壶、僧帽和汉铎壶最为常见。

紫砂茶杯明代比较少见，只有清代和民国时期多见一些，到现代才流行。紫砂茶杯，一般是与紫砂茶壶配套行世，其形状常与壶相同，如宜兴紫砂工艺厂藏的清代黄玉麟制仿供春树瘿杯，它是配仿供春树瘿壶出现的。至于单行的紫砂茶杯，有两种情况，一是作一般器皿状，如香港茶具文物馆藏的近代紫砂茶杯六款，方、圆、筋纹等形状都有，一般都是大口圈足执耳；二是作花枝果盏状，如香港茶具文物馆藏的清代银胎折枝梅花杯和银胎桃形杯。喜欢做成折枝撑花果状，即以折枝为把和足，而以花果为杯，如苏州市博物馆藏的清代桃形杯。最著名的当首推南京博物院藏清代圣思款桃形杯，它是以桃的粗枝为把，以折枝、叶和小果为撑足，而半剖大果为杯，构思巧妙、精致。

紫砂茶罐一般作盖罐，束颈、椭圆形腹，圈足。如北京故宫博物院收藏的清代乾隆御制诗茶罐，它就是作圆盖罐，敞口，短束颈，溜肩，椭圆形腹，圈足，腹两面开光，一面印折枝竹，一面刻乾隆御制诗，诗曰："雨中烹茶泛卧游书室有作，溪烟山雨相空濛，生衣独坐杨柳风。竹炉茗碗泛清濑，米家书画将无同。松风泻处生鱼眼，

△ **青狮壶**
宽15厘米

△ **一线蛋包壶**
宽19厘米

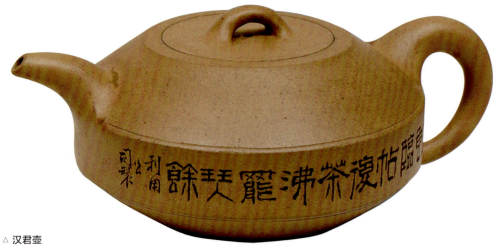

△ 汉君壶

高8.1厘米，宽21厘米

△ 天鸡壶

高9.5厘米

中冷三峡何须辨。清香仙露沁诗脾，座间不觉芳堤转。"诗后篆刻阳文"乾隆"二字章式款。

5 | 水平壶和茶器造型

水平壶容量很小，是中国广东、福建一带喝"功夫茶"的器具，在东南亚一些国家和地区也有一定市场。因为喝"功夫茶"时，壶内要放很多茶叶，仅用开水冲泡，茶汁出不来，还必须将壶放在茶碗或茶海内，用沸水浇淋茶壶的外面，使茶壶浮在热水中，才能使茶汁泡出来，这就是水平壶名称的由来。

水平壶的规格习惯以"几杯"称，有半杯、二杯、四杯、六杯、八杯、十二杯的分别。一般六杯壶容量为80毫升，八杯壶容量为100毫升。水平壶要求壶嘴和錾在形式上要协调，其重量还必须一致，才能使壶在热水中保持平衡。紫砂水平壶传统的式样有线圆水平、扁雅水平、汤婆水平和线瓢水平等，近年还有精致的什锦水平新品问世，造型美观，制作考究，质地致密，颇受中外人士赏识。

茶器的造型，一般不用端把（传统样式的壶），而在与壶嘴成90°角处装一柄。也有连柄都不装的。茶器较大，嵌盖较多，一般用"流"代替嘴。茶器的容量，一般在200～300毫升之间，其"流"的根部较大，所以出水爽快。

三 如何给一把紫砂壶命名

古人有言：名为实之宾。一把紫砂壶需要一个好的名字，尤其是佳品更需起佳名，做到名副其实。

给紫砂壶起个既响亮又符合紫砂意蕴的名字，其实是一件挺费心思的事情，更是一门高深的学问。命名的一条原则是：雅俗共赏。总结传统的紫砂命名经验，紫砂壶命名有五大方法。

1 | 象形命名法

这是一种最为常用的命名方法，即根据壶形来命名。例如：传统圆器之掇球壶，即因壶形似两球上下相连而得名，掇有"连接"之意；四方壶、八方壶、砖方壶等则是直接描摹方器的壶形。

△ **子治刻字段泥百果壶　清中期**
宽15.5厘米

△ **孟臣款紫泥笠帽壶　清雍正/清乾隆**
高13厘米，宽19.5厘米

　　象形命名法最适合花货和筋囊货，如僧帽、南瓜、合梅、鱼化龙、八卦龙头一捆竹、菊花八瓣等。在以上名称的基础之上还可以加高、矮、大、小等词汇，如高僧帽、大合梅等。另外，有些紫砂壶是仿制其他器物的样式，这时往往以所仿制的器物直接命名，如秦权壶、井栏壶、柱础壶、竹简茶具、博浪锥壶等。

　　象形命名方法通俗易懂，形象直观，读名即可知壶，颇受大众欢迎。

△ **紫砂合菱壶　清乾隆**
高9.9厘米，宽17厘米

△ 邵景南八卦一捆竹　清代

高10.5厘米

△ 杨氏款十六竹　清代

高11厘米

△ 灵芝壶

高9.2厘米，宽15.2厘米

△ 松树椿壶

高11.9厘米，宽16.9厘米

△ 北瓜提梁壶

高16.8厘米，宽13.5厘米

△ **梨形壶　清代**

高6.8厘米，宽7.2厘米

△ **迎客松壶**

宽19.5厘米

△ 灵芝壶

宽15厘米

△ 山上人家壶

宽14.3厘米

2 | 引申命名法

　　所谓引申命名法，即在摹形状物的形象的基础上，略加抽象引申而加以命名。该种壶名多富含哲理，或具有文字雅趣，发人深思。例如：

　　将形如古井的井栏壶引申命名为"思源"壶，使人听到壶名，即想到"引水思源"之成语，提醒人们吃水不忘挖井人的哲理。

　　梅花凌冬开放，是迎接春天第一花，故有人将梅花壶命名为"报春"壶。听其名，即刻使人联想到毛泽东《卜算子·咏梅》中"俏也不争春，只把春来报"的诗句。

　　生肖纪念壶，叫做"吉祥"壶（鸡年），"兴旺"壶（狗年），"三羊开泰"壶（羊年）……也有这种意思。

　　引申命名法是文人雅士命名紫砂壶最常用的方法，满足他们玩字的心理需求。

△ 紫砂五福有寿壶　清雍正/清乾隆
高8.4厘米，宽11.6厘米

△ 紫砂泥绘"高士赏月"汉方壶　清中期

△ 线因壶
高7.2厘米，宽19厘米

3 | 拟人命名法

　　所谓拟人，即把事物人格化。将砂壶赋予有生命的活力而加以命名，即为拟人命名法。如传统茗器"寿星壶""笑婴壶""三友壶""西施壶"等，均采用拟人命名法。

　　以西施壶为例，西施为古代美女，给壶施以西施之名，即把该壶认为和西施一样美，或者制作此壶的灵感来源于西施。壶嘴是西施的口，壶把是西施纤细的腰姿……当然，壶整体看起来应有女子的娇柔之美，绝对不能五大三粗，否则就是"张飞"壶了。

▷ **朱砂鼎足三友壶　清早期**
高9厘米

◁ **岁寒三友壶**
高6.3厘米，宽14.2厘米

△ **四方壶**
宽14厘米

△ **四方壶**
宽16厘米

△ **亚明四方壶**

宽14厘米

△ **四方开片高石瓢壶**

高11厘米

4 | 用典命名法

　　用典命名即以某个历史典故命名。例如"东坡提梁壶"（或称"苏提"），相传是宋代文豪苏东坡设计的。苏东坡性喜饮茶，有"松风竹炉，提壶相呼"的佳话传世，故后人加以意会，把提梁壶命名为"东坡提梁壶"。该命名可谓机巧致极，增加了壶的历史与文化厚重感。

　　"石铫"壶、"秦权"壶、"博浪锥"壶等紫砂壶命名，也均含有典故。

△ 紫泥秦权壶　清道光

高15厘米

△ 秦权壶

高9.2厘米，宽14.2厘米

△ 杨彭年制并刻兰石诗文秦权壶　清道光

宽14.7厘米

△ 秦权壶　清代

高12厘米，宽14厘米

5 | 装饰命名法

　　紫砂壶制作时会用到装饰工艺，如在壶上名诗文、划线条、刻绘图画等，并进行着色处理，于是便产生了以壶艺的某种装饰加以命名的方法。例如："八卦彩绘大壶""开光彩绘紫砂方壶""四方彩绘壶"等壶名，既点出壶形之大壶、方壶、四方等，又指出彩绘这种装饰工艺；"锡色方础壶""包锡罩壶"等壶名，则指出包锡装饰工艺；"红木镶嵌御包壶""贴花四方开光壶""泥绘束腰圆壶"等壶名，分别点出"红木镶嵌""贴花""泥绘"的装饰手法。装饰命名法既有形象的成分，也便于普通人了解紫砂壶的装饰工艺特点。

△ 点彩腰圆壶　清早期

高14厘米

△ 点彩腰圆竹节壶　清早期

高16.5厘米

△ 笨岩制紫泥泥绘王维诗意瓜棱壶　清乾隆

宽14.5厘米

△ 御制描金壶　清乾隆

高8.5厘米

△ 紫砂泥绘山水神灯壶　清中期

△ 邵旭茂制 "富贵基实" 料彩描金大莲子壶　清乾隆

宽33.3厘米

四
紫砂壶是最理想的茶具

中国人自古有饮茶的传统，至唐代时出现了专用的饮茶器具，而后专供品茗的紫砂壶问世。今天，茶具五花八门，根据材质的不同可分为金属、陶瓷、玻璃、塑料等。相较而言，紫砂壶是众多茶具中最优秀的一种，是沏茶的利器。

1 | 紫砂壶与其他茶具优劣比较

（1）紫砂壶沏茶的优点

紫砂泥是一种双重气孔结构的多孔性材质，气孔微细，密度高。制作成茶壶后，具有七大优点。

一是色香味皆蕴。紫砂陶是由紫砂锤炼出来的陶，用以泡茶，既不会夺茶香气，也没有熟汤气，故色香味皆蕴。正如《长物志》所说："（紫砂壶）既不夺香，又无熟汤气。"

二是茶水越暑夜不馊。紫砂壶透气性能好，泡茶不易变味，暑天过夜不馊。

△ 朱泥宝盖莲子壶　清早期

△ 朱泥镂空壶　清早期

高11厘米

△ 紫砂风卷葵壶　清乾隆

高8.8厘米，宽17.8厘米

△ 大西施壶

高12.6厘米，宽22厘米

△ 水上人家壶

高9.7厘米，宽16厘米

三是紫砂质茶壶能吸收茶汁。使用紫砂壶泡茶一段时间后，能增积"茶锈"，即使是往空壶里注入沸水也能品尝到茶香。

四是便于洗涤。紫砂壶如果较长时间不用，难免会产生异味，这时可用开水将壶泡烫两三遍，异味自除，再泡茶时依然茶香四溢。

五是冬天泡茶无爆裂之虑。紫砂壶耐冷热急变的性能较强，寒冬季节注入沸水，壶体不会因温度急变而爆裂；而且紫砂质壶体传热缓慢，不管提、抚、握、拿均不会感到烫手。

六是高温和低温下烧茶不会炸裂。紫砂茶壶对冷热温度的适应性很好。紫砂陶质具有耐烧性，能放在小火上炖烧而不会炸损，冬天置于温火烧茶，壶也不易爆裂，在高温和寒冷的低温状况下使用也不会炸裂。

七是经久耐用，玉色晶光。紫砂壶十分耐用，涤拭的时间越长，越会发出黯然之光，人手可鉴，于是器身会呈现玉色晶光，并以边喝茶边把玩摩挲为乐事。《茶笺》中指出："摩掌宝爱，不啻掌珠。用之既久，外类紫玉，内如碧云。"《阳羡茗壶系》也说："壶经久用，涤拭口加，自发黯然之光，入可见鉴。"

（2）其他茶具沏茶的不足

塑料茶具、金属茶具、搪瓷茶具和保温杯等作为泡茶用具，都或多或少存在

△ **朱泥潘壶　清代**

高9厘米

△ 紫泥梅花提梁壶　清代
高13厘米

△ 寒江独钓壶

高7厘米，宽15厘米

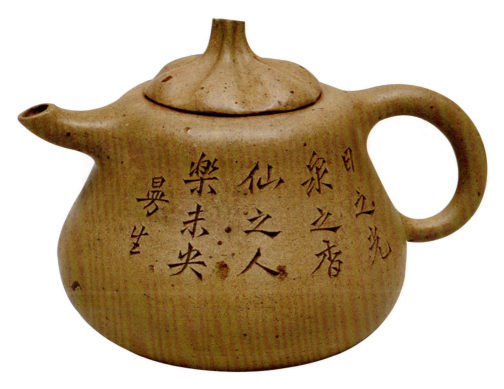

△ 易生瓜壶

高9厘米，宽16厘米

△ **天外天壶**
高9.5厘米，宽20厘米

△ **菱丛套具**
壶高11厘米，宽13厘米

不足。

塑料杯：一些塑料杯经沸水冲泡后，会散发出一些异味物质或有害物质，影响茶味不说，更有损人体健康。

搪瓷茶具：沏茶效果不佳，特别是搪瓷碰破露出铁皮后，更会影响泡茶质量，所泡出来的茶水失去原有味道，色泽发黄，且带有熟汤气。

金属茶具：可能含金、银、铅、铜量高，磨损后再沏茶喝，致人体过量吸入金属成分，不利人体健康。

保温瓶（杯）：热水注入杯中，水温一直保持较高，致使茶中芳香物质挥发得快；水温过高还能使茶多酚等成分浸出过多，泡出的茶汤色浓，味苦涩，并有闷熟感。特别是绿茶，最不适合用保温杯冲泡。

△ **锡刻诗文三镶壶　清代**
高11.5厘米

2 | 什么样的茶适合用紫砂壶

茶叶按发酵程度可分为三类：全发酵、半发酵和不发酵的茶。

全发酵的茶包括红茶、普洱（熟）等，半发酵的茶包括铁观音、岩茶、乌龙茶等，这两种茶均适合用紫砂壶来沏水。

不发酵的茶指绿茶，如龙井、碧螺春、白茶、翠竹等。绿茶一般可用玻璃杯冲泡，但用较大壶口的紫砂壶来冲泡也很不错。如仿鼓壶、虚扁壶，壶口大散热快不说，揭去壶盖还能观赏绿茶在水中的形态美感。

紫砂壶有调和的作用，沏品质较差的绿茶可改善口感，去除茶的苦涩感。

另外，应根据茶的种类选择紫砂壶。如普洱茶、红茶，用身筒较高的紫砂壶饮用最佳；铁观音，则适宜选用身筒较矮的紫砂壶，因为茶壶可以在瞬间达到高温，正好满足了铁观音的冲泡要求；乌龙茶叶呈卷球状，选择紫砂壶圆器可让茶叶有足够的空间完全伸展，有利发茶。

五
紫砂壶分为哪些档次

紫砂壶质量有优劣高下之分，一把紫砂壶的质量好坏全在于制作者的工艺水准及文化底蕴。从壶的制作精细程度上分，紫砂壶可分为大路货、细货、特种工艺品三大类。

1 | 大路货

大路货指实用品，面向群众的大批量产品。这种壶不讲"艺"，只讲"用"，故制作简略，相对粗糙，出货数量大，自然价格低廉。

一般来讲，大路货不在鉴赏收藏之列。当然，也有例外。如经济环境不太好时，一些壶艺高手也会做大路货，以图糊口谋生，这种大陆货还是值得收藏的。另外，具有一定历史的老壶，其研究价值高，也值得收藏。

2 | 细货

细货指具有一定欣赏价值，且兼具实用性的紫砂壶。细货的制作者多为良工巧匠，以复制传统造型为主，有批量的，也有相当的制作水平，"用"与"艺"兼顾。

△ 朱泥贴花镂空方壶　清早期

高14.5厘米

△ 紫泥大菊球壶　清中期

高21.8厘米

△ 瓢瓜壶　清光绪

高13.5厘米

△ 段泥人物纹石瓢壶　清光绪

高15.3厘米

△ 万象更新壶

高9厘米，宽17厘米

△ 双龙戏碧壶

宽18.5厘米

△ **聚泉壶**

宽13厘米

3 | 特种工艺品

　　特种工艺品包括艺术品，指壶出于名家之手，不仅造型完美，而且特别讲究制作中的工艺质量，是制作者创造意识的结晶。

△ **如意壶**

高8.3厘米，宽18厘米

　　这类紫砂壶不是以某种固定生产流程生产出来的，更非批量生产，因此它们是紫砂壶藏家渴求的对象，价格不菲；一旦成为文物，价格更加惊人。

　　自古以来，艺术品级的紫砂壶就"炒"得很厉害。如"景陵铜鼎半百清，荆溪瓦注十千余"，意思是说景陵的铜鼎五十钱可以买到，而荆溪的砂壶却要价一万多。《茗壶图录》中也有"明朝一壶值抵中人一家产"的说法。由此可见，制壶名家作品价值之高。

△ 朱泥莲子壶　　清代

高11厘米

△ 掇球壶

高12.5厘米，宽17厘米

△ 美林刻壶

高7.3厘米，宽18厘米

△ 树桩壶

高7.3厘米，宽14厘米

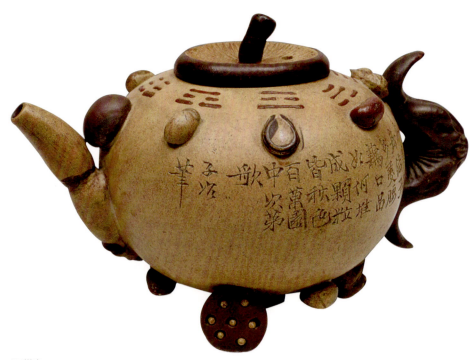

△ 百巢壶

高10厘米，宽17厘米

六
紫砂壶为何盛产于宜兴

说到紫砂壶，国人必谈江苏宜兴。宜兴是紫砂壶的发源地，宜兴自古至今所产紫砂壶闻名天下。为什么宜兴产紫砂壶千百年来兴旺不衰呢？

1 ｜ 经济富饶

宜兴位于苏、浙、皖三省交界处，长江三角洲的太湖之滨。古时曾叫荆溪，因苍山清溪而得名。秦始皇统一全国后改名阳羡。后晋惠帝把阳羡改名为义兴。宋朝时，宋太宗名叫光义，为了避讳，改义兴为宜兴，该名一直沿用至今。据历史记载，宜兴至少有4 000年的历史，可谓地道的历史古城。

宜兴地理位置优越，南部为丘陵山区，林木茂盛；北部自古以来就是江南富饶之地，鱼米之乡。

世界也罢，中国也罢，历史上每个曾经经济发达的地区，都离不开两个条件，一个是土地，一个是河流湖泊。土地的重要性不言而明，河流湖泊则既可为人类提供灌溉之便，还有助于利用水上运输推动经济发展和商贸往来。宜兴境内河网稠密，多湖泊，为宜兴当地的茶叶、陶器走向全国各地提供了便利条件。

△ 四方狮球壶

2 | 盛产名茶

宜兴是中国最享有盛名的古茶区之一。秦统一中国后，滇、蜀一带的茶叶种植沿长江逐渐向中下游推广。翻阅史书，我们会发现早在汉朝便有"阳羡买茶"和汉王到茗岭"课堂艺茶"的记载，表明宜兴早在两千多年前已开始招收学童，传授茶叶生产技术了。据《宜兴县志》记载：阳羡"有名山一百三十六"，"离墨山（按：即国山，三国时孙皓在善卷洞立国山碑而易名）在县西南五十里……山顶产佳茗，芳香冠他种"。

山顶佳茗就是云雾茶。到了唐代，连皇帝也喜欢宜兴名茶，规定每年要宜兴进贡茶叶。唐上元年间（760—762），陆羽在《茶经》中证实阳羡茶山产茶，"芬芳冠他境"。到唐武宗年间（841—846），贡茶数量增加到1.84万斤。因阳羡茶是南茶北贡的名贵贡品，故有"阳羡唐贡茶"的美称。阳羡茶在历代文人笔下是极负盛誉的。隐居茗岭的唐代诗人卢仝曾在《走笔谢孟谏议寄新茶诗》中写道："闻道新年入山里，蛰虫惊动春风起。天子须尝阳羡茶，百草不敢先开花。"

煮茶须用好水。古人认为煮茶的水，以"山水上，江水中，井水下"。在唐代，宜兴的金沙泉也成为贡茶时必须同时上贡的煎茶良泉。据说，当时金沙泉是以陶都特产的紫砂水瓶（古称雅壶）为容器，由水路专程运往京城长安。用金沙泉泡出的阳羡茶汤清、色浓，茶香、回味甜。明代学者周高起在他的《洞山岕茶系》中形容阳羡茶、泉时说："淡黄不绿，叶茎淡白而厚，制成梗绝少：入汤色柔白如玉露，味甘，芳香藏味中，空蒙深水，啜之，愈密，致在有无之外。"

总之，宜兴因为盛产名茶，泡茶所用的器具如茶壶、茶杯、茶杓等也相继发展起来。

3 | 文人荟萃

宜兴是宝地，自古以来有文人才子聚集地，这里曾出过四位状元、十位宰相。古代名人如晋朝的周处、南北朝名人陈庆之、宋末元初词人蒋捷、明代著名的宰相周延儒，近现代美术大师徐悲鸿、吴冠中等，均出于此地。

许多外地名人也曾到宜兴生活定居。陆羽为了研究茶，曾到宜兴南山种茶、采茶、制茶，在山区住了很长时间，积累了丰富的实践经验，为撰写《茶经》取得了第一手材料。

唐代大诗人杜牧也曾在宜兴居住，在《题茶山》一诗中写下"山实东吴秀，茶称瑞草魁""泉嫩黄金涌，芽香紫璧裁"的名句，来赞赏阳羡茶。

宋代的苏东坡谪居宜兴蜀山讲学时，非常讲究饮茶。他对饮茶有三个很高的要求：茶具一定要质量好，茶叶一定是阳羡唐贡茶，烹茶的水一定是金沙泉。并留有"买田阳羡吾将老，从初只为溪山好"等佳句。

文人宜兴茶赞叹留诗，无疑为宜兴茶、宜兴紫砂器具做广告，为宜兴紫砂壶走向

△ **东溪文人壶**
高7.8厘米

全国起到推动的作用。

4 | 盛产陶泥

中国以陶瓷而闻名于世界，小写英文"china"即为陶瓷的代名词。中国是陶瓷的代表，而宜兴是中国陶瓷的代表，故有"陶都"之誉。

宜兴之所以陶业发达，与宜兴盛产陶泥有关。宜兴南部为丘陵山区，广储陶泥。丁山是宜兴境内陶泥和燃料的丰富产区，几乎家家做坯，处处皆窑。其陶泥可塑性高，收缩率小，这种特性不是其他地区所能比拟的。所以就算在相同的工艺技术水平之下，宜兴紫泥壶的艺术水平总比其他地区产的砂壶器为高。

宜兴盛产陶泥对宜兴陶业千年传承发展具有决定性作用，因为古代交通不发达，如果从外地大量地运陶泥进宜兴显然是不现实的，更不可能将宜兴陶瓷业延续数千年之久。

5 | 悠久的烧陶历史

宜兴烧陶业历史悠久，据说可追溯到春秋时代的越国大夫范蠡。范蠡助勾践灭掉吴国后，便到宜兴定居，改姓陶，故今天宜兴的陶业工人仍供奉范蠡为陶业祖师。

从考古资料看，宜兴在汉代时便成为江南的烧陶中心，烧造釉陶、灰陶和红陶；晋朝时青瓷烧制颇具规模，成为中国主要的青瓷产地，生产区域主要集中在太湖西岸的丁山、蜀山、汤渡（今丁蜀镇）等地。至明清时期，陶瓷的生产规模扩大，"家家捶泥声，户户制陶忙"。数千年的制陶史从未中断，生产技艺日益提高，誉享海内外。

今天，人们在宜兴可以找到制陶古遗址上百处，其中汉窑、六朝窑、隋唐窑各有数处，明清窑则多达60多处。

紫砂壶的制作工艺

紫砂壶是"金、木、水、火、土"五行结合最完美的一种器皿。

①金：落款的印章，制作壶时所用的部分工具，都属于金的范畴。

②木：紫砂壶是用木制的工具拍打出来的。

③水：紫砂泥做壶，需要用水来调和；另外，紫砂壶本身就是茶具，用于喝茶水，壶还需要茶水来泡养。

④火：紫砂壶坯入窑，经过上千度高温烧制，才最终成为紫砂壶。

⑤土：紫砂泥料是一种土，一种优质的陶土。

紫砂壶的制作体现着中国传统的五行哲学之道，在用其品茶的过程中，更是享受"五行"的统一结合，是回归自然，与自然同行。

一
紫砂壶的用泥

紫砂壶之所以名闻天下，最重要原因之一是它的原材料——紫砂泥卓尔不群。紫砂泥又叫紫砂矿，雅称"富贵土"，俗称"天青泥""红棕泥""底槽清泥""大红泥"等。

1 | 紫砂材料的产地

紫砂壶产地是号称"陶都"的江苏省宜兴市，宜兴也是紫砂材料的产地。宜兴的紫砂泥矿深藏于岩层中间，块状质纯，经焙烧而不瓷化，故具有透气而不渗水的特点。日本曾花费大量的财力、物力，利用日本砂泥研究仿制宜兴紫砂泥，但在工艺性能、坯体强度、可塑性、烧结性能、发色效果、成品内部分子结构排列等方面，均达不到宜兴紫砂泥的水平。故宜兴地区紫砂泥矿规模很小，堪称中国独一无二的宝藏。

紫砂泥资源不仅仅限于宜兴，浙江长兴也有。长兴的紫砂矿资源，蕴藏量丰富，自古誉称长兴为南窑，丁山为北陶。长兴和宜兴，山水相连，矿脉相通。据地质矿产资料反映，长兴紫砂矿主要分布在雉城、小浦、槐坎、泗安、洪桥等丘陵地带，储量达5 000万吨。

像小浦朱砂岭这个地名，以产朱砂泥而得名。小浦箬卡村裸露的紫砂泥随处可见。由于量大品优，近年来，宜兴不少用户到长兴采购紫砂泥矿料。但长兴紫砂矿不如宜兴品质高，故紫砂壶又名"宜兴紫砂壶"。

△ 莲子壶
高10厘米，宽18.3厘米

△ 印包壶
高5.6厘米，宽11.2厘米

△ **蛤蟆莲心壶**
高20厘米，宽14.3厘米

△ **铺砂方壶　清代**
高10.5厘米，宽10.5厘米

△ 堆塑桃花圆壶

△ 鱼龙情壶 沈杏大作品

获得第二届中国无锡太湖博览会中国工艺美术精品展银奖

在西方，如美国、意大利、英国等陶瓷工业高度发达国家，早就有模仿烧制宜兴紫砂的产品，但他们生产的"红色陶器"，其胎质的物理性能、化学构成及成型方式与宜兴紫砂完全不同。

我国本土虽然红色陶土丰富，但因所产陶土矿物组成、化学组成，加上制壶技艺上的差距，都无法与宜兴紫砂泥相提并论。即使在宜兴，上好的紫砂泥也只能在丁蜀地区范围内的陶土矿中找到。因此，把宜兴紫砂泥称作得天独厚的宝贵资源绝不言过其实。

紫砂陶土为一种含铁质黏土质粉砂岩，由水云母和高岭土、石英、云母屑、铁质等矿物成分构成，主要化学成分有氧化硅、氧化铝、氧化铁、氧化钙、氧化镁、氧化锰、氧化钾、氧化钠等，颜色有多种，主要可以分成紫泥、绿泥和红泥三种，泛称"紫砂泥"，可单独烧制成陶。因含铁、硅量较高，烧制后多呈紫红色，故称"紫砂器"。它始于宋，风靡明清，迄今未艾，是我国继唐三彩之后又一享誉于世的古老陶艺。

陶土的成因，属内陆湖泊及滨湖泥沼相沉积矿床，通过外力沉积成矿，最终深埋于山腹之中。宜兴和长兴地区的陶土矿床，自古生代志留纪末至今，经历了四次海退和三次海侵，大约在2亿～4亿年前，即泥盆纪和早石炭纪中期，陶土开始形成。

其中甲泥、紫砂泥属沉积矿床，嫩泥、红泥属沉积风化形矿床。紫泥和绿泥都产于甲泥矿中。甲泥是一种脊性黏土，紫红色，色似铁甲，故名"甲泥"。

△ 鸣远四足方壶　潘持平作品

△ **果园壶 徐徐作品**

△ **听雨壶 现代**

　　甲泥矿中甲泥储量最多，紫泥、绿泥储量较少，其中紫泥仅占总储量的3%~4%。紫泥是甲泥中的一个夹层，绿泥是紫泥夹层中的夹脂，故有"泥中泥，岩中岩"之称。

　　紫砂泥含铁量较高，是紫泥、红泥（朱泥）、绿泥（米黄色）的总称。紫砂壶的泥原料俗称"富贵土"，与一故事有关。

相传古时候宜兴街头，有一僧人沿街叫卖："卖富贵土了！谁买富贵土？买了就可以发家致富。"因此而得名。

所谓靠山吃山，靠土吃土。宜兴紫泥，千百年来养育了一代代能工巧匠，以致一提起紫砂壶，当即就联想到紫砂壶原产地宜兴。到底是紫砂壶使宜兴出了名，还是紫砂壶原产地宜兴使紫砂壶出了名，谁也说不清楚。

上天赐予宜兴得天独厚的宝贵资源，加之天资聪颖的宜兴人世代相传的制壶技艺，成就紫砂壶及紫砂制品在世界艺术品之林的高贵地位。

2 | 紫泥、红泥和绿泥

宜兴紫砂壶烧制的原料为泥土，紫砂壶泥分为三种：紫泥、红泥和绿泥。

紫泥主要矿物成分为水云母及不等量的高岭岩、石英、云母屑和铁。底皂清（也叫底漕清）是矿底层品质较好的紫泥。

红泥是泥矿中的石黄，红泥中的佳品是朱泥。《阳羡茗壶系》《阳羡名陶录》称"石黄泥"。红泥产于宜兴川埠赵庄，矿层位于嫩泥和矿层底部，含氧化铁极高，质坚如石，但其矿形琐碎，需经手工挑选。因不利独自成陶，成型工艺难度亦高，通常用做紫砂器表的化妆土。

△ **紫泥笠帽圆壶　清早期**

高19厘米

△ 菱花形紫泥壶　清中期

△ 鸣远款朱泥笠帽壶　清中期

朱泥的胎土，不过是制壶高手为了求得更精细的泥料，他们将红泥以洗泥沉淀，得到约140～180目细孔的泥料，制成细如滑脂的朱泥壶。

朱泥的土质成分最大的特色是含有极高的氧化铁，含量在14％～18％之间，这是朱泥烧成后壶身成为红色的主要原因。

朱泥的泥性甚娇，成型工艺难度亦高。朱泥由生坯至烧成，收缩率高达30％～40％，故一般成品良率仅七成。

朱泥因矿源有限，且采掘困难，1973年原矿将近枯竭，红泥产品近乎停产，乃以新材质——川埠红泥、东山红泥取代，其呈色和可塑性不可与红泥比拟。

1980年，终于试制成功沾浆红泥。一度曾用沾浆红泥，替代红泥生产水平壶，以供出口，但工序复杂，成品率低，不久停产。到1982年运用科学配方，采用川埠土黄色的岩泥（俗称川埠红泥）嫩泥，加入适量铁红粉作为红泥原料，从此大批量地应用，沿至今日。

今日朱泥因不比昔日石黄，所以一定要加铁红粉，方能泛红，否则只是黄橙色系，不受市场欢迎。此外，因为台湾人追求铿锵之声，所以陶工多会在泥土添加玻璃水，借此提高其结晶程度，产生较高的音频。添加玻璃水过多，虽然使壶体色泽水亮，但其气孔几乎已闭，不利养壶变化。

△ 朱泥宝珠壶　清乾隆

△ 紫泥大口扁腹壶　清乾隆

△ 朱泥小壶　清代

高7厘米，宽5.5厘米

△ 四季如意壶　红泥　范建中作品

△ 四方竹鼎壶　王六初作品

△ 滔滔提梁壶 汪寅仙作品

△ **松报春壶　朱可心作品**

　　地摊里廉价的朱泥壶往往采用宜兴制作日用陶的白泥，添加大量的铁红粉、玻璃水，基本上是合成泥，泥性已失，只能骗外行人。

　　绿泥则是紫泥层的夹脂，故有"泥中泥，岩中岩"之称，是原矿中比较稀少的泥料，一般很少单独成型。一是因可塑性差，烧制过程中容易开裂；二是用后容易出现龟裂现象；三是数量较少，以至目前市场上纯正本山绿泥制作的壶很少见到。

　　绿泥泥质较嫩，耐火力也比紫泥低，一般多用作胎身外面的粉料或涂料，使紫砂陶器皿的颜色更为多彩。

　　本山绿泥和墨绿泥不是同一种泥料。墨绿泥已经差不多绝迹了，本山绿泥资源尚存。

　　紫泥、红泥、绿泥这三种泥由于矿区、矿层分布的不同，烧成时温度稍有变化，则色泽变化多端，妙不可言。

　　紫砂矿料的外观呈紫红色、紫色，有细微银点闪烁，并隐现浅绿色的斑点，更有天青色的，称"天青泥"，只在丁山镇中心的大水潭矿中有过。

　　紫泥烧后外观为紫色、棕色和深紫色。绿泥烧后呈米黄色。红泥烧后呈暗红色。

　　团泥也称"团山泥"，指团山矿层里出现的紫砂泥与星点式本山绿泥混在一起，由于无法分开，烧成后即成了铜色的团山泥。后来，把紫泥与本山绿泥拼在一起，也称为"团泥"。

3 | 紫砂泥的色彩

　　由于矿区、矿层分布的不同，宜兴紫砂泥的天然色泽往往多达数十种，特别奇妙。天然的紫砂泥质有紫泥、红泥（朱砂泥）、本山绿泥（呈米黄色）、天青泥（堪称泥中黄金，出矿时呈绿颜色，十分难得）和调砂泥等。

△ 竹段壶　朱可心作品

△ 圆珠壶　高建强作品

△ 小团圆壶　高建强作品

△ **葫芦壶　高建强作品**

　　紫砂壶并不一定都是紫色，高温烧成后可呈现多种多样的秀丽色彩，有朱砂红、紫铜、枣红、铁灰铅、海棠红、墨绿、葵黄、青蓝等。

　　紫砂泥色彩丰富，除了以紫、红、米黄三色为基本色外，每一种颜色本身就有多种变化。紫有深浅，红又有浓淡，黄则富于变化。倘若因色命名，则有天青、铁青、猪肝、栗色、黯肝、紫铜、朱砂紫、海棠红、沉香、水碧、葵黄、冷金黄、香灰、梨皮、青灰、铜绿、墨绿、鼎黑、榴皮、棕黑、漆黑等。

　　现如今，在基泥里加入不同的化工着色剂，其发色效果也会各有不同，能生出多种泥色来，如古铜色、墨绿色等。还有一种调砂泥，混合了粗砂、细砂，做出的壶表现出粗犷的风格特点，与光滑平整的细腻风格不同，摸上去有颗粒不平感。单纯品种的泥料则俗称"清水泥"。

　　紫砂泥相互调配的比例不同，产生的色泽效果也会不同。前人在各自的实践中摸索出经验，调配成不同色泽的壶色，这种绝活自然不轻易外传，正所谓"取用配合，各有心法，秘不相授"。

　　紫砂泥，其美不在"艳"，而是美在一个"朴"字上。俗话说："一方水土养一方人。"太湖南岸这块水土，养出了举世闻名的紫砂壶。只有这种独特的泥料，才能促成独特的成型工艺，才能融造型、雕塑、绘画、诗文、书法、篆刻于一体，才能使

△ **纳福壶 徐美萍作品**

紫砂壶兼具实用和欣赏的双重价值，成为一种工艺美术品。

紫砂泥在炼和制备时，对所用水的水质亦十分讲究。水质的优劣会直接对产品的质量产生影响。

紫砂泥极具可塑性，生坯强度高，坯较干燥、烧成收缩率小。为使紫砂的外观光彩更为丰富，有的工艺师大胆进行技术创新，把几种泥料以不同比例混合，在泥料中适度加入金属氧化物着色剂，控制好窑内的温度和气氛，产品烧成后，色泽丰富，或红而不嫣，或紫而不姹，或黄而不娇，或绿而不嫩，或灰而不暗，或黑而不墨。

紫砂器的光彩，好似染在毛纺织品上的颜色，沉着而没有火气。细细观察，各种泥色又裹有一点点白砂，如银粉闪闪，经过光的映射，宛若珠玑。若在泥中和以

△ **蛋包壶 刘新民作品**

△ **石瓢壶　赵江华作品**
高7.5厘米，宽16厘米

钢砂或粗泥沙，则更为耀眼夺目。

近年来，一些工艺家还成功试制了具有自然光泽的红色和青铜色盖面浆，开创了泥色装饰的新面目。

紫砂壶未上釉，却胜似上釉，光彩变化奇诡，丰富多彩。如朱砂紫、豆青、榴皮、海棠红、闪色等，均是天然原色，质朴浑厚，古雅可爱。

4 ｜ 紫砂泥的特点

一把以纯正宜兴紫砂泥为原料的壶才具有现实的使用、投资和收藏价值，所以"泥"才是紫砂壶价值的根本所在。

紫砂壶保味功能好：泡茶能够不失原味；泡过的陈茶不馊，暑天越宿不起腻苔；经受得起冷热剧变，这都是由紫砂泥的优异品质带来的。

长期以来，紫砂茶壶尤其深受饮茶者和茶道专家的青睐。主要是因为紫砂泥机能优良，其优异品质表现为如下几点。

（1）具有很好的可塑性

紫砂泥的可塑性较好，属高可塑性，高达17.5%，可随意加工成形态各异的造型。

在实用中，紫砂泥比其他陶瓷原料或黏土更具有可塑性，成型范围很宽。它与一般陶土不一样，经过高温烧成，不易发生变形，成品和坯体的收缩率仅为10%。

紫砂泥很好的可塑性表现在制作时黏合力强，但又不黏工具、不黏手等方面。如

△ 汉权壶　徐美萍作品

△ 禅泉壶　徐美萍作品

嘴和把均可单独制成，再黏结到壶体上后可以加泥雕琢加工施艺；方型器皿的泥片可用脂泥（多加水分即可）黏结成型，再进行制作加工。这样大的工艺容量，就为陶艺家充分表达自己的创作意图，施展工艺技巧提供了物质保证。

紫砂泥的可塑性与结合能力好，是其有利于工艺装饰的主要原因。其次紫砂泥的焙烧温度范围也宽，为1 190℃～1 270℃，目前烧成温度控制在约1 200℃，这是紫砂制品不渗漏、不老化、越使用越显光润的又一个原因。

以上种种说明这种粉质细砂岩的紫砂土，是"宜陶宜壶"的最佳泥料，也是陶都宜兴特有的物质宝藏。

（2）独特的双透气孔结构

紫砂器经入窑高温烧成后，成品能保持2%的吸水率和2%的气孔率。

紫砂泥性质上属于高岭土，土中含有大量的氧化铁等化学元素，所以茶壶内质存在双重气孔结构：一是化学元素团聚体内部形成的气孔，二是团聚体周围形成的气孔群。正是因为这两大特点，使紫砂茶壶具有特别好的透气性，能较好地保持茶叶的色、香、味。

△ 四方竹鼎壶　底漕清泥　**600cc**　吴锡初作品

△ 喜从天降壶　原矿紫泥　**250cc**　吴锡初作品

△ 高井栏壶　高建强作品

独特的双透气孔结构特点，为紫砂泥所独有，这种结构使紫砂壶能比其他材质的茶壶泡出更香的茶，同时能较长时间地保存茶水而不会发生变质。

在中国，只有宜兴的丁山才能开采出这种具有双透气孔结构的紫砂泥，所以在中国，紫砂泥是唯一的，用唯一的泥做出的壶当然也是无法替代的。

（3）里外均不上釉

紫砂泥土成型后不需要施釉，平整光滑且富有光泽的外形，使用的时间越长，把玩的时间越久，就会发出黯然之光。这也是其他质地的陶土所无法比拟的。

紫砂器内外均不施釉，用作茶具使用时，茶汤没出物不会对器物产生某种不良的影响。

△ **鱼乐提梁壶　紫泥　范建中作品**

（4）色不艳、质不腻

紫砂泥除了结构上与其他泥有所不同以外，纯正的紫砂泥还因其"色不艳，质不腻"的特点给人感官上的享受。同时，其原矿中含有大量微量元素，这些元素都是人体所需的，会在泡茶的同时提供给人体。

紫砂壶与其他泡茶工具最大的不同，在于茶壶经过一段时间的水滋养后，紫砂壶能表现出"外类紫玉，内如碧云"的状态（闻龙《茶箋》），紫砂也就因此有了"紫玉金砂"的名头。

二 紫砂壶的成型

紫砂壶的制作是造型艺术创作的体现，美学要求及工艺技术特别高。宜兴的紫砂艺人通过长期的摸索实践，总结出一套成熟的手工成型工艺，即泥片镶接成型的手工操作方法。泥片镶接成型又可分为两大基本形式——打身筒和镶身筒。

这两种成型法都需要根据器皿制品的不同要求，先把泥料打成泥片，规范成方圆，再镶接壶的身筒，加上壶的颈、脚、盖等附件。在成型操作时，分别以专用工具进行刮、勒、压、削等加工工序，使紫砂壶制品坯件达到造型规正、结构严谨，口盖紧密和线条清晰的工艺要求。

具体使用哪种成型方法，须根据作品不同的外形来定。一般来说，紫砂圆器的制作都采用"打身筒"，而方形、六角、八角等形状则采用"镶身筒"。下面分别介绍这两种紫砂茶壶的成型方法。

1 | 打身筒

打身筒适用于圆形类紫砂壶坯件的成型。早在明代和明以前，圆器成型方法主要是用模具。时大彬悟其法，遂不用模具规制身筒，而把泥条、泥片置于转盘上，以拍打身筒的成型方法来做紫砂壶。这种手工操作的技法，世代相传，就形成"打身筒"成型法。它既不用模具，也不以陶轮拉坯成型，而是用打身筒方法制成。用这种方法制作成型的圆壶，其圆正度与轮制的圆器无异。操作程序是：

（1）打泥条

先把熟泥料置于泥凳上，用木搭子捶打，打成符合制品要求的泥条。

△ **大亨掇只壶** 范洪泉作品

△ **报春壶** 范洪泉作品

△ **追水年华壶　季益顺作品**

（2）打泥片

用木搭子打出制器口、底和身筒的泥片，用矩车旋出口、底和围片。

（3）围身筒

把围片黏贴在转盘的正中，把泥条沿着围片圈成泥筒，调校端正。

（4）打下半身筒

以左手衬在圆筒内，右手用木拍子拍打身筒上口，收口后成器皿的下半身形，把底黏结在底部。

（5）打上半身筒

把打好的下半身形翻过身来，再拍打身筒的上半部，逐步收口，至口径符合要求，再黏结满片。

（6）理身筒

用薄木拍子旋压旋搓，或按或提，把空心坯体转成各种轮廓曲线。待身筒晾至一定干度，然后加颈加足，以成完整壶身。

（7）弯嘴

按制品规格，用泥料搓弯壶嘴。

（8）弯錾

同时用泥料按要求搓弯壶錾。

（9）做盖

将矩车画出盖片和虚片，用这两片泥黏结制作壶盖。

（10）搓壶纽

先用含水分高一点的泥搓圆条，待圆条干至一定硬度叫"的段"，就将这"的段"用工具搓成一粒粒的圆形壶纽。

（11）装壶纽

把搓成的壶纽安装在壶盖的泥坯上。

（12）装嘴

在壶身筒的中心，取一端装嘴，使壶嘴与壶成一水平线。

（13）装錾

在嘴的另一端装上壶錾，壶錾与壶嘴要成一直线。

（14）啄嘴

用尖刀（竹制或铁制的工具）整理壶嘴与壶体的黏结处，使黏结处圆正整齐，不留痕迹。

△ 三足传炉壶　施小马作品

（15）啄錾

用尖刀修啄壶錾与壶体的黏结处，要光滑干净。

（16）成型

用明针和各种工具把坯体厘剔规正，周身压光，则得到一个圆壶泥坯的成型。

2 ｜ 镶身筒

镶身筒成型适用于制造方器或其他几何平面状的紫砂壶。用这种成型方法制成的方器紫砂壶，线条挺括，匀整平直。操作程序是：

（1）打泥片

先把泥料切成一个个方形泥块，用木搭子打成泥片。

（2）裁泥片

按产品设计样板，把泥片裁切出器形需求的泥片。

（3）镶身筒

把裁制好的泥片，用脂泥将组成壶身的泥片先粘贴镶接。

（4）上底

在方的壶身上上壶底，用脂泥粘贴镶接。

（5）上满

翻过身来，用脂泥黏结壶的满。待方的壶身晾至一定硬度，然后加颈加足。

（6）镶嘴

用脂泥把四块泥片黏合成壶嘴。

（7）切錾

用一块厚泥片依照设计样板切出壶錾。

（8）拍身筒

这是方形器皿的特有工序。在加工好颈、足的壶身上，即将装嘴、装錾时，必须再一次整形，用木拍子或竹拍子在壶的轮廓上整拍一次，力求规范。

（9）做盖

把准片和虚片黏结成壶盖。

（10）装壶纽

用厚泥片切成壶纽，把壶纽装在壶盖坯件的中央部位。

（11）装嘴

把壶嘴镶接在壶体上。

（12）装錾

把壶錾黏附于壶身，与壶嘴要成一直线。

（13）开口

用鳊鲅刀在壶满上开出壶口。

△ 三足传炉壶　裴石民作品

△ 南瓜壶　顾绍培作品

（14）成型

壶体四周用明针修整压光，一个方壶的泥坯成型就此完成。

三
紫砂壶的装饰

　　装饰是紫砂工艺中经常运用的手法之一。它将自然形态的素材进行概括加工，"去粗取精，去繁就简"，选择自然形象中最真实、最简洁、最精美、最生动的部分，使纹样造型比自然形象更精美、更典型、更理想，其目的是把纹样设计与器物造型吻合谐调，相得益彰，使紫砂壶有一种特殊的美感。

　　装饰工艺包括按一般形象思维方式进行创作的富于装饰性的绘画或雕塑，以设计意识及功能为主导，娴熟地驾驭一定的材料，运用装饰技巧及某种特殊工艺手段制作的工艺品和陈设品。紫砂壶是充分利用紫砂泥料所固有的肌理质感、造型变化和泥色对比来表现其装饰效果的，它不轻易附加任何别的装饰，而是以朴素雅致为主，这是紫砂壶装饰艺术的主要特点。有相当部分的壶类产品，即使施以局部的雕饰，在形体的口部、肩部、肚部、足部等部位用各种立体线条来加强其造型的装饰性，也是本着花素相宜的原则，按照不同壶形，以简洁的传统字画或装饰花样，刻画出虚实相间的装饰图案。这种很有韵味的装饰手法，具有含蓄而提神醒目的艺术表现力，把实用与美观巧妙地结合起来。在紫砂壶坯体上进行刻线、铭文、绘画、着色、成品抛光、金属包镶等几种装饰手段，在紫砂历史上都曾经产生过一定的影响，并形成了紫砂壶的独特的民族风格和地方特色。

1 │ 刻划线条

　　紫砂壶线条装饰的种类有很多种，各种各样的线条都必须用牛角或铁、木、竹制成的专用线尺进行加工，使线条挺括而清晰。这些线条不仅加强了紫砂壶的装饰效果，而且可以增强成型时黏接处及边缘部位的应力，减少产品在烧成时的缺陷，提高正品率和出货率。现将有代表性的几种装饰线条运用规律及特点简述如下：

　　（1）灯草线

　　灯草线是一种小圆线，因形状像灯草而得名。将其用在紫砂壶的口沿部，称为翻口线；用在底足部则称为底线；可单独或成组用在壶体、肩部及腹部，以达到增强紫

△ **味泉制全寅绘"石亦可心"描金山水楼阁渔舟圆德钟壶** **清嘉庆**

宽18厘米

△ 段泥加彩折枝花卉纹百果壶　清嘉庆
高17.5厘米

△ 紫泥粉彩蟾纽山水纹壶　清嘉庆
高21.5厘米

砂壶造型的装饰效果。

（2）子母线

子母线是一种双线，一粗一细，也称文武线。当这种线应用于紫砂壶的口盖组合和口沿时，一般要求上粗下细。上大下小，称为"天压地"，使制品造型显得更加安定和厚重。

（3）云肩线

云肩线经常用于紫砂壶的颈部、口下沿等转折部位，其线条一般较薄，要求十分匀净、清晰，能增强紫砂制品造型的装饰性，富有韵律和节奏感。

（4）凹凸线及皮带线

用凹凸线及皮带线进行装饰，分别以线条的粗细、厚薄和宽窄来达到不同的艺术效果。一般在紫砂壶腹部用凹凸线或皮带线，可使产品造型增加变化，且又显得庄重大方。

（5）凹肩线

凹肩线是一种双曲线，用于紫砂壶肩部的装饰，可以加强产品造型的稳重感，且有节奏变化的艺术效果。

（6）筋囊线

筋囊线是一种垂直的线条，可将紫砂壶形体作成若干等份。使用筋囊线，要随着壶身的肩部、肚部、腹部的变化而变化，线条深浅自如，其装饰效果像蒜头上的瓣纹。

△ **紫泥龙柄弦纹方壶　清代**
高17.3厘米

△ **荷蛙壶**
高11.5厘米，宽20厘米

△ **塔竹壶**
高11.7厘米，宽18厘米

△ **鱼化龙壶**

高10厘米，宽20厘米

△ **罗汉松桩壶**

宽16厘米

△ 高南瓜壶
宽16.5厘米

△ 报春壶
高13.5厘米，宽22厘米

（7）抽角线和折角

抽角线和折角主要用于方器成型的面与面交接处。用抽角线或折角处理的紫砂壶方器，可藏匿锋角，富有变化，使制品造型显得更有装饰性。

（8）云水纹、菱纹和花瓣纹

云水纹、菱纹和花瓣纹都是要按一定规律布满紫砂壶形体全身的凹线，要求线条流畅，整体气韵贯通，使紫砂壶的造型生动活泼，更加灵巧。

以上列举的各种纹样装饰线条是紫砂艺人在生产实践中受其他器具特别是明式家具的影响，不断总结出来的。它不仅丰富了紫砂壶造型的装饰性，而且增强了实用功能。

△ 合菊壶

△ 龙头一捆竹壶　范建中作品

2 | 铭文

　　紫砂壶上的铭文，通常采用吉语和颂祈之词或择古人的诗句。内容大多是与茶或花卉有关的题咏，如"长乐安康""延年益寿""宜子孙，大吉祥"（方钟壶）、"饮之甘泉，长乐无极"（硖方壶）、"饮者寿"等，表示一种精神追求和祝福。

△ 紫泥诗文四方小壶　清早期

高11厘米

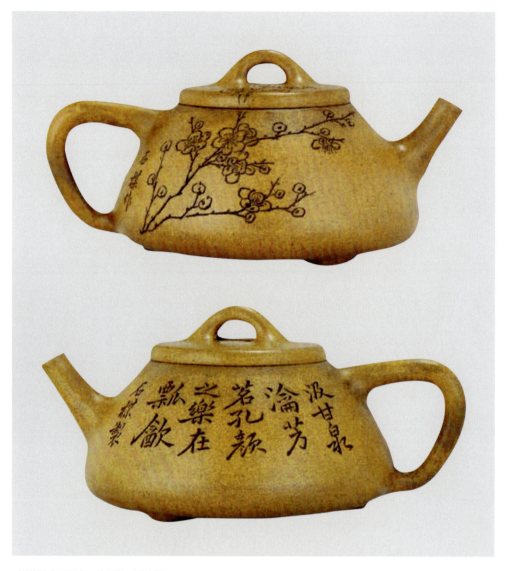

△ **梅花诗文石瓢壶　朱石梅　清中期**
高16.8厘米

　　最为常用的铭文是对茶具、茶事进行描述的诗文。如对茶具的描述："棱可摸，孤可觚，得其精意遗其粗"（孤菱壶）；"以古之铎，为今之壶，土既代金，茶当呼茶"（汉铎壶）；"铫之制，搏之工，自我作，非周穜"（石铫提梁壶）。其他还有如"体素储洁"等对茶具描述的言词。对茶事的描述，如"涤烦解渴""虽有甘芳，不如苦茗""一杯清茗，可沁诗脾""红泥碧树，乳凝香茶""雪贮双砂罂，诗琢无玉瑕""喜共索瓯吟且酌，羡君潇洒有余清""客至何妨煮茗候，诗清却为饮茶多"等。

△ 杨彭年制曼生铭却月"延年"壶　清中期

△ **紫泥描金山水诗文壶　清乾隆**

高16.3厘米

△ **紫泥石瓢壶　清道光**
高15.7厘米

再则由于当时历史时代的限制，一些文人墨客也借器寄情，把各种不同的心态表露无遗。如"求壶不求官，干水不干禄"，反映了对仕途厌倦的心情；"南山之石，作为井栏，用以汲古，助我文澜"，借题发挥，一语双关；"嘴尖肚大耳偏高，才免肌寒便自豪，量小不堪容大物，两三寸水起波涛"（郑板桥题壶诗），是作者狂达自放、孤傲不羁的性格表露；"器堕于地，不可掇也，言出于口，不可反也，慎之哉"（曼生铭壶句），这是对当时朝廷集权的慎微心态的流露。

由此种种，紫砂陶刻所涉及的文字内容成为整个紫砂陶中必不可缺少的一个组成部分。

△ **诗文三足壶　清道光**

高16厘米

△ **四方壶**

高8.3厘米，宽17厘米

3 | 绘画

紫砂壶上的图案一般都是动物和植物，它们的表现形式大多为浮雕效果，也就是在制陶艺人完成壶身造型后，再在其上雕刻出一些植物或者动物的形象。在紫砂壶上绘画是在清代兴起的，是大量的文人雅士加盟于紫砂艺苑的结果。

文人中不乏功力深厚、笔墨精湛的书画篆刻家，能画善书擅刻，他们参与到紫砂壶的制作中来，使紫砂壶上的绘画精彩纷呈。譬如，以"西泠八家"为代表的金石书画群体和以"扬州八怪"为代表的文人画家群体，他们在壶上绘画，蔚然成风，形成了名壶、名书、名画融为一体的"三绝壶"。

4 | 彩釉装饰

彩釉装饰始于清乾隆年间，是在宜兴传统的泥料堆绘的基础上吸取了景德镇瓷器的"粉彩"装饰技法而发展起来的一种装饰形式。所谓泥绘装饰，是一种在紫砂坯体上装饰的方法，即在已完工的还有一定湿度的泥坯上用其他色泥或本色泥料堆画花鸟或山水纹样。用泥料画出有一定厚度，恰似薄玉雕的效果。被用来堆画的色泥有白泥、朱砂泥、乌泥等。泥绘装饰手法流行于清初。

△ 玉川款挂釉加彩诗文紫砂壶　清中期

△ **描金御制壶 清乾隆**

高9.5厘米

　　彩釉装饰是在烧过的紫砂壶上用釉彩绘或满身挂釉。李景康、张虹合撰的《阳羡砂壶图考》记有"原色加彩五色花卉，极为工致"等语。这种装饰是用低温铅釉彩在紫砂壶成品上堆绘花卉、山川、戏曲人物等，再放入"红炉"里第二次烧成，烧成温度在800℃～900℃。另有将紫砂坯体周身施满彩釉的手法，称为"炉均"。紫砂壶彩釉装饰和炉均产品，流光溢彩，在紫砂工艺史上是别具一格的。现代讲究紫砂壶本色，故很少采用此种工艺。

5 ｜ 金银丝镶嵌

　　金银丝镶嵌的工艺操作，采用堆、雕、镂、塑、嵌、刻等多种手法进行装饰，不仅镶嵌金银丝，甚至施以珠玉、钻石等贵重材料，赋予砂壶奇珍异彩。

　　操作程序是参照金银错的工艺手法，先将纹饰图案画上紫砂壶泥坯并刻出凹槽，烧成后把加工好的金银丝嵌入槽内敲实，然后再磨平；也有不磨平的，使金银丝成立体状。后者的制作手法与价值都高于前者。

△ **加彩山水钟式壶　清乾隆**

△ 惠俊公制贴泥鼓钉形钮纽壶　清乾隆

△ 如意葫芦壶

宽9厘米，高9.3厘米

金银丝镶嵌的材料，一般以银丝为主，也有人采用锡丝，金丝的镶嵌则使紫砂壶更具价值。

另外，还有将银熔化以后，直接绘在紫砂壶坯体外表，被称作"流银"，不同于银丝镶嵌，做工及价值感均相差甚远。

6 | 抛光

抛光是指对光货类紫砂壶烧成后进行的再加工装饰，先用铁砂布将壶面磨光，然后在抛光机毡轮上抛光。经过抛光的紫砂壶，光彩照人。还有将壶的嘴头、口边沿线和的子包上黄铜皮后再抛光，以此来加强紫砂壶的艺术效果。

紫砂壶用铜、锡、金来作装饰由来已久，如张燕昌《阳羡陶说》里就有关于宜兴花尊的记载："若莲子而平底，上作数孔，周束以铜，如提梁卣，质朴浑，气尤静雅。"阮葵生《茶余客话》里有"近时宜兴砂壶，复加饶州之鎏"的记载，所谓"饶州之鎏"，就是仿照景德镇加彩方法装饰紫砂壶。他认为这种手法"光彩照人，却失本来面目"。

四
紫砂茗壶的焙烧

紫砂茶壶坯体制成后，下一步就是焙烧，众所周知，陶瓷是土与火的艺术，只有将两者尽善尽美地结合，才能创造出好的陶瓷艺术品。因此，焙烧在紫砂壶的制作过程中至关重要。

焙烧茶壶需要烧陶瓷的窑炉。中国是烧制陶器最早的国家之一，也是创建窑炉最早的国家。从大量考古发现资料中可以证明：远在5 000年前中华民族的先人们就建造了烧陶器的竖穴窑、横穴窑，随后又建造了升焰式圆窑和方窑。这些窑基本上是烧氧化气氛的，最高温度可以达到1 200℃。伴随着中国陶瓷的发展，窑炉也在发展变化着，越来越便于生产。进入现代社会，窑炉的品类更多、更先进、更有利于生产。

烧造紫砂茶壶方法，有龙窑煅烧、倒焰窑煅烧、隧道窑煅烧、现代新式煅烧等若干种，具体如下。

1 | 龙窑式煅烧

龙窑是沿倾斜山坡砌筑的一种古老的陶瓷热工设备。其窑体为斜卧的长条形隧

△ **石泉壶**

宽17厘米

△ **匏尊壶 徐汉棠作品**

△ 年年有余壶　清水泥　蒋建军作品

△ 万象更新壶　范建中作品

△ 金正方壶　400cc　孔小明作品

△ 汉方壶　紫泥　高群作品

△ 富足提梁　紫泥　高群作品

△ 云柱壶　600cc　孔小明作品

道，窑头至窑尾沿土坡向上，外形似卧龙，故而得名。龙窑究竟起源于何时，至今尚无确切纪年的考证，但在宜兴涧漅现存有唐代的龙窑，可见其历史之悠久。

龙窑煅烧的优点是：结构简单，用材方便，造价低廉，建造容易，投产较快；没有固定的烧成带，烧成点随时间和温度沿窑长方向自下而上逐步移动；热利用率较高，烧成前面坯件的热烟气能预热后面的坯件，冷却前面产品的预热空气又可供后面制品烧成时助燃，故烧出的陶器色泽温润。不利的方面是生产周期较长，一般是4～6天／窑次；烧柴预热的窑需24～44小时，烧煤预热的窑需50～80小时；燃烧局限性大，一般只适宜烧松柴，成本高，燃料来源困难。

龙窑烧紫砂壶历史时间最长，直到20世纪50年代后才弃之不用。宜兴陶瓷公司目前只保留着一座龙窑，作为文物供世人参观。

2 | 倒焰窑式煅烧

随着时代的进步，倒焰窑逐步替代了龙窑。倒焰窑按烧成室形状可分为圆形与矩形两种，是一种间歇式火焰窑炉。其工作原理是将煤加进燃烧室的炉栅上，一次空气由灰坑穿过炉栅，经过煤层与煤进行燃烧。燃烧产物自挡火墙和窑墙所围成的喷火口喷至窑顶，再自窑顶经过窑内制品倒流至窑底，由吸火孔、支烟道及主烟道向烟囱排出，在火焰流经制品时，其热量以对流和辐射的方式传给制品。由于火焰在窑内是自窑顶倒向窑底流动的，所以称为"倒焰窑"。

倒焰窑的特点：窑室容积变化范围大（小到1 m^{2}以下，大到150 m^{2}以上），烧成制度较易变动，应用范围广，生产灵活性大；热烟气在窑内自上而下垂直倒流，使窑内温度和气氛的均匀性较好；操作管理较简单，生产技术较易掌握、提高。

倒焰窑由于以煤或油为燃料，对环境的污染较大，窑墙、窑顶的保温也有不足，热损失大，因此现在烧茶壶已很少用它了。

3 | 隧道窑式煅烧

隧道窑是一种连续式窑炉，指陶瓷制品的装、烧、冷、出等操作工序是连续不断地进行。按工作隧道的不同，隧道窑可分为直线形、圆环形和U字形几类。在陶瓷工业中以直线形隧道窑应用最广泛。紫砂工艺厂用的就是直线形隧道窑。

隧道窑的特点是：生产周期短，产量大，产品的质量稳定，产品率高；热利用率高，单位产品的燃料消耗低；改善了劳动条件，降低了劳动强度；有利于实现生产机械化与自动化；窑体使用寿命长，减少了经常维修窑炉的费用，降低了成本。

隧道窑的建造所需材料和设备多，一次性投资费用大，运用灵活性较小，适用于大量生产同一类型的产品。

△ 金凤提梁　沈杏大作品

获第二届中国（莆田）海峡工艺品博览会优秀作品评比金奖。

△ 夙慧壶　陈国良作品

△ **鱼化龙壶**

高10.3厘米，宽20厘米

△ **四方仿炉壶**

高10厘米，宽19厘米

△ 汉铎壶

△ 小八方壶　张红华作品

△ 佛海容天壶　本山绿泥　320cc　刘建群作品

4 | 现代新式煅烧

现代工业技术的进步，紫砂壶煅烧又出现电热窑、煤气窑、液化石油气窑等多种新型窑炉，它们把紫砂茶壶的焙烧工艺推上了一个新的台阶。

这些煅烧方法具有结构简单、占地面积小、加热空间紧凑、热效率高，窑内气体洁净，温度调节灵敏，便于实现精确控制等优点，适合烧制一些小批量、有特殊规格的紫砂茶壶。

需要注意的是，紫砂茶壶在烧制前要阴干，待毛坯干透后，装入匣钵，才能送入燃烧室焙烧。匣钵是一种用耐火材料制成的小盒子，毛坯壶装在里面烧制，不易变形和受到污染。这是明代为防止紫砂壶表面产生飞釉而创制的，一直沿用至今。

△ 双龙戏珠壶　高群作品

2014年获中国工艺美术博览会品金奖。

△ 玉乳壶　红泥　范建中作品

△ 四方鸣远壶　徐达明作品

△ 提梁壶　周桂珍作品

△ 相与壶 毛国强作品

△ 矮石瓢壶 顾绍培作品

第三章

紫砂壶的真假鉴别

　　紫砂壶从明代兴盛至今历时数百年，其文化内涵和特定的手工艺术越来越得到收藏界认可，名家的壶更是千金难求。紫砂壶的收藏投资热始于20世纪80年代，当时港台一些藏家大量购藏，使得市场价格直线上涨，但在80年代末逐渐回落。近几年来，紫砂壶行情再次走俏，壶市场收藏价值每年以20%的速度增长。至2011年，紫砂壶拍卖数次创出千万元以上的"天价"，如顾景舟与韩美林合作的提梁盘壶成交价达到1 150万元；顾景舟与魏紫熙合作的矮井栏壶，以1 035万元成交。之后紫砂行情虽然有些回落，但依然在拍卖市场中价格不菲，如嘉德2013年春拍中，顾景舟与韩美林合作的"此乐提梁壶"成交价也超过800万元。

　　高利润导致紫砂壶的赝品纷纷出现，新壶老款、老壶改款，甚至是通过计算机翻砂造款等手段都时有出现，不少藏友交了学费。

　　所以，投资紫砂壶最需要提防的是伪品，因为紫砂壶的颜色深沉，新品很容易冒充旧品，反而旧品品相好者，又易被当成新品。有很多紫砂壶底款刻上乾隆年制或康熙年制，容易使初入这一行的藏友上当受骗。

一
紫砂壶赝品流行

　　这里先从专家鉴宝开始说起。一个专家曾看了三把名家紫砂壶，分别是李碧芳、何道洪和时大彬款，但这三把壶均为赝品，且制造工艺一般。

　　杭州梅家坞一收藏者说，他的藏品是壶艺名家李碧芳制作的，正常价格3万元左右，但他只花3 000元就买了一把，自以为在杭州收藏品市场捡了漏。

　　卖壶的人有印有李碧芳照片和签名的制壶证书，并自称是宜兴人，壶是直接从李碧芳家低价收购的。

　　遗憾的是，专家从工艺水平和壶形上，一眼就认定这是一件仿品。

　　萧山一个藏家收藏有何道洪和时大彬款的两把壶。藏家说，何道洪的壶是三四年前买的，从一个朋友处转让而来，泥料很好，款识也很清晰，花了4 600元。时大彬的较贵，花了2万多元。时大彬的壶来自杭州一个古玩店，尽管壶盖有缺损，但讨价还价的余地不多，所以价格不低。

　　而专家鉴定的结论让萧山藏家大吃一惊：这两把壶均为赝品。"此壶泥料虽好，但壶嘴却成斜坡状。"专家指着何道洪壶说，"名家对自己的作品要求一般都很高，壶嘴该是平的，何道洪不会犯这么低级的错误。"

明末清初制壶大师时大彬的大彬壶市价至少要35万元一把，而萧山藏家收藏的所谓时大彬壶泛黄，手感很涩，是仿品。

这把壶虽然壶盖上茶渍斑驳，壶内有深厚的茶垢，壶嘴、壶身还镶有银环，壶把刻有"大彬"字样，表面有古壶模样，但工艺水平很低，失误处不少。

"壶把壶嘴都不成直线，不可能是出自制壶大师之手。"这是专家的结论。

据专家鉴定，上述三把赝品紫砂壶市场参考价都不到300元。

二
紫砂壶鉴定的内容

紫砂收藏是民间珍藏的大项，其珍藏与投资古已有之。在20世纪70年代末期，紫砂壶的投资价值受到了人们的青睐，其市场价格也不断上涨，但随之而来的是仿制品也大量出现。

曾有一位马来西亚的紫砂收藏家，家中紫砂收藏品近千件，但真正的艺术品也就几十件而已。所以收藏投资紫砂壶要避免失误的首要问题是懂得鉴定。

紫砂壶的鉴定包括三个方面的内容。

1 | 断代

看壶要从形与质上推断年代。不同时代的产品和生活用品都有其时代特征，紫砂壶的形状、款识、泥质和技艺等，在每个时期都有不同的特点，可以从一些重要特征入手进行鉴别。

如早期紫砂壶以实用为主，装饰为次，故其壶形拙朴大方，茶壶出水处常为单孔。

随着紫砂壶装饰作用的增强，壶形日趋文巧。如早期明显多夹粗砂，清以后夹砂日细，壶表也日益细腻，从这些特征可推断藏品的相对年代。

民国以前的壶，在泥料中一般不会添加氧化剂，因此壶色都是自然形成的。如果藏友看到壶色是墨绿色等别样颜色，但卖家又号称是明清时代的老壶，那就基本不可信了。因为墨绿色是在紫泥中加入氧化钴烧制而成，而这种技术在明清时期是不可能达到的。

△ 荷叶形紫砂壶　清中期

直径7厘米

△ 紫泥诗文莲子壶　清道光

高15厘米

2 | 识别制作者

　　主要通过制作者标示的署款来识别，其署名特点至关重要。

△ **汉铎式壶　清晚期**
高13.7厘米

3 | 辨伪

这方面的专业要求非常高，不仅要知道断代和分辨作者，还要掌握各个名家的制作特点、款识格式和擅长技艺，尤其对早期紫砂壶，其辨别难度更高，稍不留神或行道不深，就极容易看走眼。

如今，假冒藏品漫天飞，所以购买时注意假冒之作尤其重要。有些摊贩，在紫砂壶表面上涂蜡或鞋油或采用其他制假手段，以次充好，以假乱真，貌似古雅，实则欺骗，应特别注意鉴别。

古紫砂壶不仅有很高的鉴赏价值和工艺价值，而且也有很高的经济价值。因此，假冒古董紫砂壶屡见不鲜。必须掌握一些基本的鉴别方法，选购时才不致上当。紫砂壶鉴别中，亮色、泥质、款识、声音等是主要鉴别依据。

△ 大僧帽壶　2000cc　孔小明作品

△ 六方壶　原矿紫泥　170cc　吴锡初作品

△ 掇只壶　**250cc**　王福君作品

△ 菱花如意　范建中作品

△ 蜂菊壶　原矿紫泥　丁淑萍作品
该壶获2014年中国工艺美术民间工艺品博览会金奖

△ 卧牛壶　汪寅仙作品

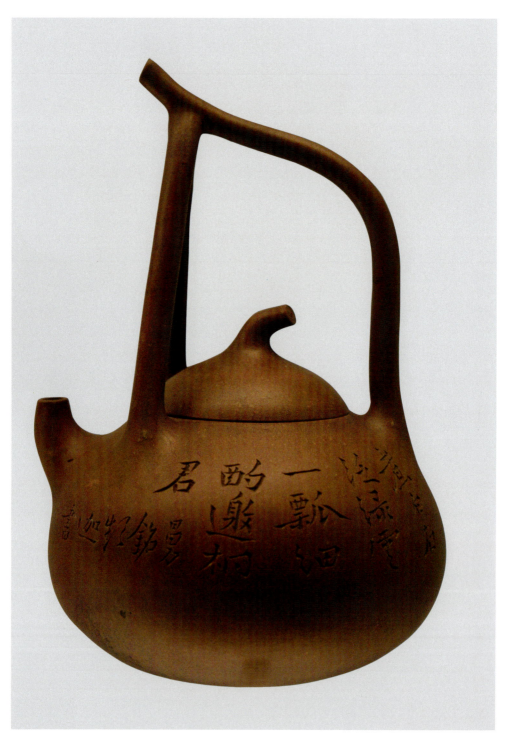

△ **老紫砂壶作品　上海博物馆藏**

△ 老紫砂壶作品　上海博物馆藏

三
新壶作旧的方法

了解新壶作旧的方法，有助于收藏者在收藏活动中更准确地鉴别伪品。

新壶作旧一般有三种方法，包括新壶刻老款、老壶改款、人造包浆等。

1 │ 新壶刻老款

用一把新壶改刻成明代名家如徐士衡、元畅、欧正春，清代名家陈鸿寿、陈鸣远等人的款，也有在新壶烧制前就直接将这些名家款加盖。

△ **诗文圆壶　清晚期**
高17.5厘米

△ **朱泥段竹壶　清晚期**
高11.5厘米

△ **青灰砂梨形壶　清晚期**

高9.8厘米

2 | 老壶改款

用没有款识或非名家款的旧壶冒刻前代名人的款识。这样的作伪法需要较高工艺，制假者一般更加追求其精美程度，欺骗性高——壶是老壶，而款是新款。

3 | 人造包浆

只要是古壶就会因使用时间较长在器物表面形成一种光滑亮感，这就是俗称的包浆。为了使新壶出现这种包浆，造假者一般会将泥料的表面擦鞋油或用强酸腐蚀作旧，还有的则将紫砂壶涂上白水泥，用水泡仿制出土器物。此外还出现过真底假身或残品补全等仿品。

紫砂壶的选泥、制作成壶坯等关键工序都是用手工操作的，因而制作十分精细。陶坯一般不上釉，只是在陶坯成型后，用粉质颜料加填在壶面印刻的书画诗文图案轮廓中。这种自然本色和着色方式是紫砂陶壶的一个显著特点。新壶作旧的方法无论多么高超，都不可避免露出马脚。

四
泥料的鉴定

很多人以为用火柴划紫砂壶能划出火的就是真的年代久远的紫砂壶，其实这是一个误区。事实上，越古老的紫砂壶越是划不出火花，反而是刚出窑的，由于还残留一些矿物质，才能划出火花。

从泥料胎土可以观察色相、颗粒度及光泽肌理。不同年代的不同矿脉各有特点，清代后期的天青泥就与历代泥料不同。

从原料上来讲，目前的紫砂壶只有少量使用的是真正的紫砂泥料，大部分是类紫砂泥的陶土，区分真正的紫砂泥和类紫砂的陶土的方法如下：

1 | 听声音

紫砂与瓷器不同，不用专门上釉，烧结后表面就会自然形成有附着感的"泥门"浆体表皮，不漏水但透气，声音传导没有瓷器那么清脆，但也不闷，而类紫砂陶土发闷。

紫泥关键不在于有氧化铁，而在于紫砂的"砂"字。紫砂泥的分子与其他泥不同，同样的紫砂泥其结构也不尽相同，所以鉴定和评价一把紫砂壶的真伪优劣，首先可以从紫砂泥质入手。

△ 紫泥汉瓦壶　清道光
高15厘米

△ 半瓜壶　高建强作品

△ 仿古如意壶　高建强作品

△ 仿古壶　红泥　范建中作品

2 | 看密度

密度不同导致同样体积的紫砂壶重量不同。矿物中各种氧化物和蛋白质的含量不同导致烧制的紫砂密度不同。类紫砂的陶土较重，而真正的紫砂泥烧造后内壁结构中会形成团聚体，有气泡，所以密度稍小，上手稍轻。

△ 葵仿古壶　紫泥　范建中作品

△ 云龙壶　朱泥　高群作品

△ 汉金壶　朱泥　180cc　王国祥作品

△ 吉方壶　底漕清泥　450cc　王国祥作品
荣获中国紫砂精品展金奖及中国工艺美术2012年华艺杯铜奖

△ 润泉 顾绍培作品
高9.5厘米

△ 纹泥石瓢 徐达明作品
高6厘米

△ 万象更新壶　孔春华作品

△ 剔红饕餮夔龙纹紫砂胎茶壶　清乾隆

高15厘米，宽17厘米

△ 金龟出水壶　380cc　孔小明作品

△ 银箱壶　400cc　孔小明银奖作品

△ 北瓜提梁　周桂珍作品

高17.5厘米

△ 清竹壶 紫泥 高群作品

△ 南瓜壶 陈国良作品

3 | 看质感

真正的紫砂泥烧成的紫砂壶犹如豆沙一样，再精细的紫砂看起来仍有半悬浮状的颗粒感，摸上去也不会太光滑，但也不会扎手，类紫砂的陶土摸起来有涩感，而掺了化学原料的又过于光滑。

明代紫砂器泥料含有颗粒状粗砂，明代紫砂泥的目数为25～30目，清中期为55～60目，近现代为100～120目。目数低则颗粒粗，孔隙度大，用手弹击，其声音嘶哑、发闷。

五
工艺的鉴定

从制作工艺上来说，如今的紫砂壶可分为手工壶、半手工壶、手拉坯壶、灌浆壶。

手工壶也就是前文所讲的用传统工艺"打身筒""镶身筒"成型技法制作而成的壶，所制的壶具有唯一性，市场价值最高，这里不再赘述。

△ 斗方铺砂壶

△ 特大双线竹鼓壶　朱可心作品

△ 冰片掇球壶　吴鸣作品

△ **圆珠提梁壶**
高11厘米，宽16厘米

　　半手工壶是模具与手工两者相结合方式制作。半手工壶有两种成型方式：一种是壶嘴、壶把、壶盖等用手工制作，身筒用模具制作，这种方式占主流；另一种是身筒用手工制作，壶嘴、壶把、壶盖用模具来制作。半手工壶其实也属于手工壶一类，有些紫砂壶必须用到模具，全手工无法成型，如鱼化龙壶。只要模具用得好，用得妙，其制作出来的壶艺术价值也非常高。如壶艺大师顾景舟就是一位擅长用模型的高手，可以令模具成型部分与手工成型部分浑然天成。

　　手拉坯壶属于机器壶。机械操作，下面装一个马达，上面是一个圆盘。把泥料放在圆盘上，打开马达开关，马达旋转起来，运用惯性离心力的原理，用手拉出一个壶型来。拉出来后切下，放置晾干，再配上壶嘴、壶把，装成一把茶壶，放置晾干后再喷浆、烧制，即成。需注意的是，手拉坯壶不属于紫砂成型工艺。手拉胚壶可以批量生产，熟练的工人一天可以拉200～300个。

　　灌浆壶也叫注浆壶，是将泥料放在球筒里面打48个小时，变成很细的泥浆，然后再把浆灌到模具里面，等1～2分钟拿出来，晾干，然后加工成茶壶即成。灌浆壶同手拉坯壶一样，也不属于紫砂成型工艺，成壶效率比手拉坯壶更高，一个工人一天可以灌300～500个。

如今，市面上充斥着许多手拉坯壶、灌浆壶，它们以假乱真，冒充真正的紫砂壶骗取消费者的信任。鉴定手工壶、灌浆壶、拉坯壶对紫砂壶收藏爱好者来说十分重要。应从以下几点入手：

1 | 看壶的整体感觉

手工壶仔细看不是特别规整（毕竟是手工制作的），这反而给人一种自然的感觉；而灌浆壶、手拉坯壶给人的总体感觉是很规整，身筒外观左右边比较均匀对称。从审美角度讲，著名大师制作的全手工壶蕴含着一种自然神韵，而灌浆壶、拉坯壶多显呆板。

2 | 看壶底和壶壁结合处

纯手工紫砂壶的底和壁是分开进行，然后粘接起来，虽然经过刮片处理，但成品壶依然在壶底会留有一圈明显的镶嵌痕迹。灌浆壶是用模具制作出来的，手拉坯壶是壶拉坯成型后，底用刀直接切下来的，故这两种壶的壶壁与壶底衔接处没有明显的镶嵌痕迹。

辨别壶底痕迹，拿壶到光线下照射，观察泥脂表面不同的反光即知。

△ **九龙柏壶　汪寅仙作品**

△ 鱼化龙壶　范大生作品

△ 金丝南瓜壶　高丽君作品

△ 神韵壶　吕尧臣作品

△ 竹报春壶　王寅春作品

△ **恭贺新禧壶**

高9.1厘米，宽17厘米

3 | 看身筒内的纹理

　　手拉坯壶是利用机械离心力原理制成，壶的内壁会产生螺状条纹纹理；手工壶和灌浆壶没有这种纹理。

△ **掇球壶　王国祥作品**

灌浆壶的内壁多光滑，看不到一点沙粒，壶内就是有凸起或凹下去的地方，其过度处理也是圆滑的。手工壶因为是拍打而成，壶内壁类似有手机磨砂感，反光也不明显，多为哑光；特别是不容易处理到的地方，甚至留有拍打所形成的印记。

4 | 看内壁印章

手工壶的内壁印章是打泥片时盖上去的，印章随着泥片打拍打弯曲而逐步弯曲；而仿手工壶的内壁印章多数是中间浅，周围深，也有一些内壁印章是弯曲的，但其弧度无法与壶身的弧度吻合，显得比较生硬。

5 | 看壶嘴到壶把中间处

灌浆壶从壶嘴到壶把处，会发现一条细细的痕迹，或用手摸也可以感觉到有一条线。这是模具留下的痕迹，胎里带的，没有办法消除。而手工壶、手拉坯壶没有这种痕迹。

6 | 看泥料成分

真正的手工紫砂壶，其泥砂是纯正的紫砂泥。

手拉坯壶不能使用纯正的紫砂泥。因为纯正的紫砂在机器离心过程中，承受不了离心力，往往会拉破，因此手拉胚中一定要加入一定量的高岭土（高岭土是做瓷器用的瓷土），以助壶塑形。

灌浆壶所用泥料目数细，无颗粒成分，还掺有较多的玻璃水。

△ **金色田野壶**

7 | 看价格

好货不便宜。手工制作一把紫砂壶至少要半个月的时间，手拉坯壶、灌浆壶一天可以制作数个不等。加之从艺术性角度考虑，手工紫砂壶的价格少则是机器壶的数倍，多则数十倍。

市场上，手工壶一般不会低于500元；如果看到价格特别便宜，又号称是全手工制作的，那么就要特别小心了。

另外，紫砂壶的出水孔有独孔、网孔和球孔三种，这也是工艺鉴定的内容之一。经验丰富的藏家可凭紫砂壶里的出水孔来辨别年代。在清末民国初期多盛行独孔，"文革"时期的壶基本是球孔，而现代的紫砂壶一般为多孔。

六
器形的鉴定

紫砂器的各个发展阶段，都有其时代的烙印和标志，分清造型年代，是鉴定紫砂壶真伪的必修课。

1 | 器形鉴定的三大好处

一是紫砂壶器形是紫砂壶最显像的一个特征，便于紫砂入门者识记。

二是掌握紫砂壶的器形的过程，就是一个掌握紫砂发展历程的过程，帮助紫砂爱好者对紫砂发展趋势形成一个初步的印象。

三是不同的器形有不同代表者，有助于现代人快速判别当今紫砂壶名家中哪些有成名潜力，便于紫砂壶的收藏投资。

2 | 认识紫砂壶器形的历史演变

砂壶的造型，一般分为筋纹形期（明正德—清康熙）、自然形期（清康熙—乾隆）和几何形期（清嘉庆—道光）等几类。概括归纳有以下的主要特征。

明代是筋纹形期，堪称宜兴紫砂壶的全盛时期，比较注重器形，紫砂器的造型高雅朴拙，器物较少有装饰，故以素朴为主。名家如陈鸣远等人，施展了高超的炼泥技巧，其胎质呈现石英效果。这段时期的制造过程大都采用泥片镶接法。

清代前期，紫砂器的造型丰富奇特，注重器物的装饰，加彩、堆雕等异彩纷呈。

　　乾嘉年间壶的款识和格调有了改变，这个时期的作品多半出自文人雅士的设计，再交由名家制造，其最大的特色是题文雕画增加了壶的艺术气息。名家字画的参与，往往使得文书刻饰的价值、气魄都凌驾于工艺师之上。

　　清代后期，紫砂器的造型趋向简化，多取平面，注重雕刻诗词书画，器物的文人化很浓。清末民初，宜兴壶毫光再现，但名家仿古风气盛行，假货亦为佳作，造成真假难辨之状。收藏投资者须慎察之。

△ 扁腹壶　清代

高10厘米，宽17厘米

△ 朱泥小壶　清代

高5.5厘米，宽7.2厘米

△ **上合桃壶**
高8.6厘米，宽20厘米

△ **松桩壶**
高8.3厘米，宽17厘米

△ 孙子兵法茶具　现代

△ 德钟壶　丁淑萍作品

△ 莲韵壶　原矿底漕清泥　丁淑萍作品

3 ｜ 从器形风格辨作者

　　相同的紫砂壶器形，因为制作者不同，壶体现出来的气韵、风格也不相同。这就为后人辨别器物出自何人之手提供途径。

　　例如，传统壶型鱼化龙，民国的唐树芷所制小鱼化龙形体小巧，壶纽为卷云状，壶身浅塑波浪，波浪中龙头伸出，龙尾卷成壶把；清代邵大亨鱼化龙的纽为堆浪状，龙头在盖部，短而粗，不见爪，整个壶为波浪堆叠而成，立体感极强；而黄玉麟所制鱼化龙，波浪立体感不强，纽作卷云形，装在盖内的龙头细而偏小。

　　各个时代对美的感受和形式要求均有不同的标准，即使是同一师傅传授的工艺手法，也会有不同的风格。所以，单就造型风格而言，不同的壶，其整体的比例，嘴、把、纽的制作都存在着不同程度的差异，这些也正是造型鉴定时的依据。

△ **系三友壶**

宽16.5厘米

△ **冰纹秦权壶**

宽14.5厘米

△ **大佛手壶**
高20.5厘米

△ 三足仿大彬壶

宽22厘米

七
光泽的鉴定

　　流传至今的真正的旧紫砂器不多，完美而又古朴雅拙的紫砂珍罕品更难得到。旧的若属真，旧紫砂器往往器表有一层自然的光泽，因此从表面光泽判断，是鉴定的重要方法之一。

1 ｜ 明清紫砂壶光泽特点

　　清代的紫砂壶因长期泡茶，胎色幽暗，器表有一种深沉内敛的光泽，收藏界称为"包浆"或"宝光"。现代人仿造的用鞋油等作旧，懂紫砂壶的收藏家一看就知道是假的。

169

△ 紫砂太极鼓壶　清道光

高9厘米

△ 柿形紫砂壶　清代

直径6厘米

　　假品色黄，性糟，有亮者少，无亮者多，即使有亮，也是用蜡所烫。所以辨别真伪要把握真品体重、色紫的特点，还要把握其光泽亮润的特点。

　　紫砂壶使用年代越久，经人手抚摩后越显出其古雅光亮。真正的紫砂壶因为长期为人手抚摩，上面呈现出油润的光亮。这是由久经把玩，慢慢地透出来的温润光泽，被称为精光内蕴。

　　明代的紫砂壶表面无光泽度，因为多为墓葬出土，胎体吸收了地下水的湿气，表面失光。1965年南京中华门外明司礼太监吴经墓出土的壶，是目前有纪年可考的最早的紫砂壶，是采用制大缸大瓮的泥料略加以澄练制成的。由于可能与缸盆同窑烧造，所以明代紫砂壶表面常沾有釉斑。

△ **紫泥拼砂汲直壶　清代**
高17厘米

△ 小井栏　清代

高6厘米，宽8.5厘米

△ 刻花鼓形锡套壶　清末期

通高8厘米，口径4.4厘米，底径8.7厘米

2 | 新旧紫砂壶的光泽特点

凡名手所制之壶而能留传至今的，定为当时及后人所珍爱，早晚把玩，火气早已脱尽，其壶表必定润泽光亮。

而新制品，火气极重，一般质地较疏松，颜色偏黄，有光亮的少。即使有光亮，也是用白蜡打磨上去的。以涂蜡来增加光泽的伪品，用指甲一刮便可辨别。

所以新器造旧绝无精光内蕴的特点，分辨新与旧时，要特别谨防新器造旧术的欺骗，切勿只重器表而忽视了其内在的素质。

△ **清风壶　红泥　350cc　鲁文琴作品**
全手工制壶，竹叶生动似箭，做工干净利落，以竹为题，品茗赏竹，清风徐徐。

△ **毓秀壶　鲁文琴作品**　　　　　　　△ **福星高照壶　清水泥　500cc　孔春华作品**

△ 福星高照壶　清水泥　**500cc**　孔春华作品

　　紫砂壶具有传统的"诗、书、画、印"四位一体的显著特点，所以鉴别一把紫砂壶除了看泥色、造型、制作的功夫外，还有金石印款等方面的内容。

　　鉴赏紫砂壶款有两层意思：一是鉴别壶的优劣，壶的制作者、题词、镌铭的作者是谁；二是欣赏紫砂壶面上题词内容，镌刻的书画内涵和印款。鉴定紫砂壶的款，正是建立在鉴赏水平的基础上。

　　真伪之鉴，首先从看印款开始。一件精湛的紫砂壶艺作品，是创作者艺术价值和身价的象征，同时也代表着作品的经济价值。历来制壶高手和名家与现代工艺美术师们对钤印款识都十分讲究，用款钤印也涉及制作者的艺术素养，壶外功夫可见一斑。

△ 段泥印花锦地梨形壶　清早期

高10.7厘米

△ 紫泥镂空如意纽竹节壶　清早期

高18.3厘米

△ 朱泥贴花梨形壶　清早期
高12.8厘米

△ 诗文圆壶　清晚期
高14.8厘米

1 | 款铭辨伪的窍门

　　据现有资料显示，紫砂器题铭最早见于龚春壶把下刻"供春"二字，其后盛行。在紫砂器的发展过程中，许多陶艺大师的款铭风格亦不相同，鉴别时应当细致观察。制砂者署名、制名是在明清之际才出现的，因此明早期出现款铭的基本可断定是赝品。

　　看款铭是最直截了当的鉴别方法。明清名家制壶，壶底多有款铭。因此，必须对明清大家的名、字、号及其惯用的款式、字体熟悉铭记，以便鉴别时有所依据。

　　例如，当时的书画家和制壶大师时大杉、李仲芳、徐友泉、陈曼生等，在款铭上必须能对上号。没有款铭或款式不符，即属可疑。即使为真品，其价值也会大打折扣。

△ 柿花　汪寅仙作品

△ **竹根茶具　谢曼伦作品**

壶高9.5厘米，杯高3.5厘米

△ **四美　许艳春作品**

△ **润玉　陈国良作品**

高8厘米

△ 周盘　俞国良作品

高8.8厘米

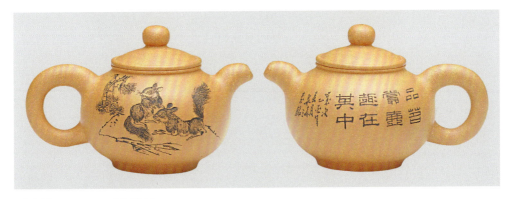

△ 掇禄壶　250cc　王福君作品

△ 大井栏壶　吴群祥作品

△ 碧壶　刘建平作品

△ 紫气东来壶　季益顺作品

△ 秋临壶　张正中作品

△ 旭日东升套壶　朱泥、绿泥和紫泥　丁淑萍作品

　　旭日东升壶表现了太阳升出海平面时的壮观景象，朱泥壶身为太阳，绿泥壶托为大海。太阳在海浪中徐徐升起，两只白色海鸥在天空中自由翱翔，飞向太阳，构成了一幅美丽的日出图。

　　旭日东升壶为《日、月、星、辰》组壶之一，该组壶是以自然现象"日、月、星、辰"为题材，设计创作了一组壶，表现了自然界一周天的景象，作者以别出心裁的款样、优质泥料和精细的微雕，巧妙设计出这一组主题突出的精品，犹如恢宏的交响乐，叙事中充满诗意。

　　《日、月、星、辰》组壶曾荣获第三届中国十大紫砂茗壶银奖。

△ 四季壶　原矿紫泥　200cc　吴锡初作品

△ **追月壶 高海庚作品**

大部分工艺美术家及先辈所用的印款篆刻均出自金石高手之作。一枚印款本身就是一件艺术精品，一般假冒者、伪作者在作款上很难入真，具有一定金石艺术修养的鉴赏收藏家不难判别真伪。

同时刻二枚精美的金石印款，即使刻篆于同一款式，也不能达到金石刀痕完全一致的地步。对壶的鉴定往往较难，但从印款鉴定着眼，往往能起到事半功倍的效果。

紫砂印款大部分是阴刻，通常刻于壶底，还有盖、鋬之上，金石刀迹暴露无遗。鉴赏和收藏者只要细心琢磨，就可以发现钤印款式的真伪。有些伪拓印款就更容易从印款外形、尺寸、烧成收缩率中计算出拓印真伪。

印款钤压，每一个制作者有各自的偏好和习惯，这也只能意会，很难言传。但鉴赏家和收藏家对每位大师、工艺美术师制作的作品进行专题研究，就能找到共性的经

△ **沁泉壶**
宽21厘米

△ **鱼化龙壶**
宽19厘米

△ **线圆壶**

高8.5厘米，宽19厘米

△ **陶木壶**

宽10厘米

验。一件真正精美的作品，每一个作者都会赋予特有的、不大容易被人发现的记号，这些记号只有原制作者和经验丰富的收藏家能判别出来。

说到印款，顺便也可以将题字一并介绍。真正流行在器上镌刻诗词的，始于清代后期的陈曼生，以后蔚然成风。所以在清中期以前题字的壶，都可以视为赝品。

当代紫砂壶艺有一种新时尚，制作者往往亲自铭刻一些斋室名号，制作纪年及壶名编号。这些壶的铭刻虽不属金石篆刻作品，但也能给收藏者和鉴赏者提供一个比较科学的真伪鉴别的实用依据。

2 | 老壶改款铭的辨识

对于老壶改款铭的辨识，有规律可循。旧壶的款都是用阳文，且字体极为工整。新烧紫砂壶的阳文因为字体为模仿，会略显呆板，或笔画长短粗细不一。如果是用旧壶加刻新款，则所刻文字为阴文。

要说明的是，尽管印章款识是判断真假的一个重要因素，但随着计算机技术在紫砂上的使用，现代造假技术可以以假乱真，所以以落款作为鉴别的方法也只能是作参考，初学者对即使是看来完全一样的印章款识也不可全信，而要综合鉴定，更多地要看泥质、手工程度、造型和工艺水平。从细节上，孔型数、泥质细腻度、模具痕迹等方面，综合判断真假。

△ **寿桃壶特大壶　高群作品**

对于壶艺收藏爱好者，要想真正收藏一件上好的紫砂艺术精品，最好的方法是从制作者手中直接定制。真正的紫砂工艺美术家手中的作品，是最可靠的高水准作品，具有艺术价值和经济价值的保障。

九
拼凑伪品的鉴定

明清紫砂壶保存至今，实属不易，大都不甚完美，或有残损崩裂，于是出现了各种修补拼凑术。如：用蜡补缺黏合后，再涂泥做色；以陶泥仿制，拼合后，再作旧；加彩紫砂褪色，以颜料添补；器物残损，以金属片镶包，或以玉等嵌替等。

△ **提梁壶**

高12厘米，宽18厘米

△ 岁寒三友壶

长25厘米

　　听声音可以对一把壶是否做过修补作出最准确的判断。可以用硬物分别划过器物边沿、凸起部分，如果没有修补，则声音、亮度、清晰度一致，否则即为残品补全。当然，这一鉴定方法有一定风险，划器物边沿时一定要小心谨慎，用力适当，以免划伤壶体。

△ 楚汉风韵壶

长20厘米

△ **蚕桶提梁壶**

壶高9厘米，宽11厘米

△ **合菱壶　原矿红泥　450cc　吴锡初作品**

△ 吉祥壶　原矿紫泥　**450cc**　吴锡初作品

△ 掇只壶　徐维明做、徐汉棠监制

△ 八卦捆竹壶　邵景南作品

△ 三足如意壶　范建中作品

△ **四方侧角壶　紫泥　范建中作品**

　　鉴定时，只要留心并细致查看，就会发现修补拼凑的痕迹，而且虚位很多。因为经过修补、拼凑、调色后的紫砂器，其形制、色调、质地与真器皆不可能完全相同，所以总有一些差异，并或多或少地丧失了原作的风貌和特征。

△ **啸风壶　绞泥　380cc　孔小明作品　获优秀奖作品**

气质神韵的鉴定

　　气质神韵也是鉴定紫砂壶真假很重要的标准。名家之作，由于其独具高超的艺术素养和熟练的专业技巧，以及对泥料性能的深入了解和窑温的把握，故其佳作自有一股不可模仿的神韵。

　　尤其是名家精品，大多自然大方，浑朴、精巧，无做作之气。仿品大多线条拘谨，毫无生气。

　　掌握古壶特征和气质神韵是鉴别真假的基础。紫砂壶的气质神韵可以从质、形、文三个方面来看。越早的作品，砂质感越重，年代越近的作品，梨皮砂质感越是减少，外观越是细腻滑润。

　　古壶质地粗而不劣，形制古拙而不失规整，光泽滋润而不轻浮，手感厚重舒适，款铭工整而不古板。早年烧造的紫砂壶气质温厚，手扣声音较浊，无火气感；现代烧造的材质坚致，手扣声音清越，有一种火气感。

△ 含苞待放壶　绞泥　380cc　孔小明作品　获优秀奖作品

193

△ **梅桩壶** **黄金段泥** **200cc** **吴锡初作品**

△ **玉如意壶** **原矿红泥** **450cc** **吴锡初作品**

有一些在壶身镌刻有诗文图画者，也多为当时名手所作，布局自然合理，刀法简练精确，非俗手所能效仿。因此，紫砂壶工艺并非简单的烧陶工艺，而是融合了陶艺、书画、造型、篆刻等古文化结晶的综合性工艺品，这些共同形成了紫砂壶的气质神韵。

气质神韵还要从装饰角度看，题材不能超前，制壶艺术家的风格要真实，技艺要有独到之处。这才是名家壶。

十一
名家仿品另当别论

高价格吸引了大量仿制者，其中大多是唯利是图的仿制者。

但在仿制者中，有一批特殊的仿制者，他们和画家一样，名家仿前代大师，有些大师级的制壶名家也仿制先前的名师作品。如顾景舟就仿造过陈鸣远的精品"龙把凤嘴壶"，王寅春仿制过时大彬、徐友泉、"福记"等作品。

名家仿早期名家不一定就是唯利是图，他们往往是通过学习名家达到名家所为。这些名家仿品现在也有极高的收藏价值。

最后要说明的是，鉴定紫砂壶对于专家来说并不难，98%的真伪判断都可以在瞬间完成，但对于非专业人士来说，几乎是不可能完成的任务。因此，对于大多数非专业收藏者而言，挑选可靠的购买渠道比鉴定作品更重要。

历代著名紫砂艺人

1.金沙寺僧

金沙寺僧，姓名不详，明弘治正德年间人。明代周高起《阳羡茗壶系》中有他与当地制缸瓮的陶工相处、征练细土、捏制和烧成砂壶的记述。《阳羡名陶录》中也有相似的记载。金沙寺在宜兴城东南20公里。《阳羡茗壶系》"创始篇"称金沙寺僧为紫砂壶的创始人。他为人闲静有致，曾与陶工相处而习得一手陶艺，当时可能茶叶正改为壶泡，遂筑为胎规而圆之，再剜使中空，并出口、柄、盖的，然后拿去陶穴烧成，为人使用。据传金沙僧喜用紫砂泥壶，自然会有相当多的指纹留于壶上，此为鉴赏金沙僧壶的重要根据。但由于其作品并不署款，自无从认定有何传器流之于世。至于也有人附会四大名壶的"无名壶"即为金沙僧所筑，是否真实，则尚待察考。

2.供 春

供春，明代人，又名龚春。相传在正德（1506—1521）年间为宜兴人吴颐山家书僮。吴颐山到宜兴东南四十里的金沙寺读书时，供春伴随左右。窃仿寺内老僧炼泥制壶，尤其吸取其质朴典雅的风格。他精心研制后改进工艺，水平大大提高。金沙寺僧制作的紫砂陶壶表面有明显的指螺纹，可能尚属一般土器。工艺比较粗糙。而供春做出的紫砂陶壶增加了原料的精细捏练、拍打、磨光等工序，逐渐成为一种品质高雅的茶具。明代周高起《阳羡茗壶系》赞供春壶"栗色周围，如古金铁"。从供春开始，宜兴紫砂陶壶成为我国独特的茶具品种，自然体系。供春壶明代已是凤毛麟角，被视为珍宝，后代更是仿品众多。现存供春款紫砂壶中，只有中国历史博物馆所藏树瘿壶流传有序，它状如树瘤，泥色暗黄，壶身近把手一侧刻篆书"供春"款，曾由清光绪年间翰林、收藏家吴大澄收藏，民国初年由宜兴人储南强在苏州发现，由宜兴工匠裴石民配制壶盖。但终因证据不足，其年代考证仍有争议。

3.董 翰

董翰（约1567—1619），明代万历年间人，字后溪，所制茗壶，一改寺僧、供春以来古拙风格，作品以文巧着称，是最早创造菱花式紫砂壶的名手。清乾隆年间吴骞所著《阳羡名陶录》说：董翰始创菱花式壶，赵梁多制作提梁式壶。所谓菱花式壶，是仿菱角的四折瓣造成的八角形壶，而这种壶的外形，也可见诸唐镜和宋碗之中。此种菱花式壶，很可能就是以后发展为17世纪和18世纪初期所最流行的筋纹器造型的紫砂壶。

4.赵 梁

赵梁，一作赵良，他的作品中多提梁式壶。据说明代砂壶中的提梁式就是由他创制的。赵梁与董翰、元畅、时鹏号称明万历（1573—1620）间制壶四名家。

5.元 畅

元畅，一作元（玄）锡、袁锡。关于他的姓氏，诸说不一。周高起《阳羡茗壶系》作玄锡；陈贞慧《秋园杂佩》作袁锡；周嘉胄《阳羡茗壶图谱》及吴骞《阳羡名陶录》作元畅，今从吴说。关于他的作品，尚未见有著录。

6.时 鹏

时鹏，一作时朋。自周高起《阳羡茗壶系》以来，皆认为是万历年间壶艺大家时大彬的父亲，但也有人误以鹏为大彬之子。《阳羡茗壶系》对四名家的评价是"董文巧而三家古拙，乃供春之后劲也"。

7.李养心

李养心，号茂林，也是万历时著名艺人。善于制作小圆壶，嘉庆《宜兴县志》说："妍妙在朴致中，世称珍玩。"他在兄弟辈中排行第四，故以"小圆壶李四老官"得名。所制茗壶，朴中带艳，但不加款式，仅朱书号记而已。陈贞慧《秋园杂佩》称他的作品风格别具特色，技术在"大彬之上，为供春劲敌"。据明人周高起考证，在李茂林以前，紫砂壶都"不免沾（缸坛）釉泪"，原因是各家壶坯都附入缸窑烧造，没有用匣钵封闭起来，因而沾染了缸器的釉泪。从李茂林以后，"壶乃另作瓦缶，囊闭入陶穴"，从而防止了紫砂壶沾染釉泪的毛病。

8.时大彬

时大彬（1573—1648），号少山，明嘉靖至万历间宜兴人。据李斗《扬州画舫录》载，时大彬乃系宋尚书时彦之裔孙。他的父亲就是四大名家中的时朋。父子相传，更有深厚的家学渊源。他对紫砂壶的泥色、形制、技法、铭刻等都匠心独具，有相当的研究和杰出的创造。艺术成就远远地超过了父亲，许多文献都认为"前后诸名家并不能及"，其地位居于"壶家妙手称三大"之首。时大彬所制茗壶，小巧玲珑，千姿万状。宜兴壶艺传至大彬，始蔚然大观，推为正宗。其造壶艺术光辉照耀着整个紫砂工艺的历史。时大彬善用各色陶土为壶，有时在陶土中杂以砂土，"砂粗质古肌理匀"，作品不务妍媚而时见巧思，出人意外。他开始制作的时候，还只是单纯模仿供春，以大壶为主，从游娄东和当时的著名文人太仓王世贞、松江陈继儒等交往，闻琅琊、太原诸公品茶试茶之论后，突破了老师的樊篱而多作小壶，点缀在精舍几案之上，一人一壶，更加符合文人的美学趣味，因此当时就有"千奇万状信手出，巧夺坡诗百态新""宫中艳说大彬壶"这些推崇的诗句。大壶泡茶，茶叶浸泡过久，鲜味不存，故有"茶注宜小不宜大，小则香气氤氲，大则易于散漫，若自斟自酌，愈小愈佳"的评语。时大彬制壶的特点大约有五个方面：（1）在用料方面，以粗砂为主，大都硇砂和制，致使"觳绉周身，珠粒隐隐"。总的说应是"砂粗质古肌理匀"。（2）时大彬所制壶，早期以大壶为主，晚期多制小壶，从已有记载看，有圆壶、扁壶、梅花式、僧帽式、菱花八角式等。（3）在制作方法上，时壶为捏造车坯。据传，在壶柄上有拇痕为标识。（4）绝无绘画装饰，以素面为主，很少诗文刻铭。少数在器盖上有印花装饰。（5）在款识方面，以"大彬"和"时大彬制"为多。早年请能书者落墨，由其本人用竹刀刻画，或以印记；后期他本人书法精进，能用竹刀随意刻写，多作楷书，运笔有晋唐小楷意。时壶似应或用题记，或用印章，不大可能有题记和印章并用的情况。时大彬的传世珍品，有南京博物院所藏调砂提梁大壶，上海博物馆所藏扁壶，扬州博物馆所藏朱砂六方壶，故宫博物院收藏的紫砂胎包漆方壶和特大高执壶，以及美国旧金山亚洲艺术博物馆藏的瓜棱壶，香港茶具文物馆藏的僧帽壶等。

9.李仲芳

　　李仲芳，明万历年间宜兴人，一说江西婺源人，生卒不详。他是名艺人李茂林之子，因为排行最大，人们叫他李大仲。他又是时大彬的门徒，而且"为高足第一"。名师传授，造诣很深，其艺术成就与师父不相上下，仲芳兼长家传与师承，他的制品渐趋文巧精工，技艺精湛。他仿造的大彬作品，几可乱真。《阳羡茗壶系》说：世所传大彬壶，也有仲芳作，大彬见而赏之并自署款的。所以当时人们就有"李大瓶，时大名"之说，传为美谈。清初人认为他的"小圆壶形制精绝，又在大彬之右。"紫砂壶的制作，到了李仲芳的时代，已经由简单朴素而渐趋文巧。究竟是应该复古，还是趋新？在当时的艺人中就有不同的争论。仲芳的父亲是主张复古的，极力"督以敦古"。仲芳是主张趋新的，不同意敦古的意见。他们父子之间在艺术上的争论是极其激烈的。据传，有一次仲芳做好一把紫砂茶壶，急急忙忙送到他的父亲面前问道："老兄，这个如何？"从此，人们就把仲芳制作的紫砂壶叫作"老兄壶"。据文献记载，仲芳"后入金坛，卒以文巧相竞。"可见他始终没有采取复古的论点。《阳羡茗壶赋》作者吴梅鼎评李仲芳壶有"仲芳骨胜而秀出刀镌"之语，可见其制壶技法的精绝。李仲芳的传器有《茗壶图录》卷下第十三页所刊仲芳梨皮泥壶一具，壶底铭文署"万历戊午秋日，九月望日为叶龛先生制。仲芳"十八字楷书款。又，梨色中壶一具，盖大而圆，壶底署"李仲芳"三字楷书。香港艺术馆也曾刊出李仲芳所制的觚棱壶，壶底镌铭"从来佳茗似佳人"，并署"仲芳"楷书款。

10.徐友泉

徐友泉，名士衡，明万历间宜兴人，一说江西婺源人。生卒不详。他不是陶家出身，但有造型艺术天才。他在紫砂工艺的泥色调配品种的丰富多彩方面，有杰出的贡献。徐友泉善于配合色土，喜欢仿效古器物尊、罍的形制，他的作品总是别出心裁，变化多端，"毕智穷工，移人心目"。其壶有汉方、扁觯、小云觯、提梁卣、蕉叶、莲方、菱花、鹅蛋、分裆、索耳、美人睡莲、大顶莲、一回角、六子等款式。泥色有海棠红、朱砂紫、定窑白、冷金黄、淡墨、沉香、水碧、榴皮、葵黄、闪色、梨皮等各种色调。文献评介他的作品是："种种变异，妙出心裁。"但他自己并不满足于已有的成就，他自己曾说过"吾之精，终不及时之粗也"的话，可见对于他的老师是极为倾倒的。徐友泉创作的紫砂壶，造型式样较多，据说仅为吴氏一家所制之壶，已不下数十种，但留传迄今的却十分稀少。友泉精研壶艺，且对壶泥色彩和茗壶式样，多所发明，多所创造。吴梅鼎在《阳羡茗壶赋》中写道："若夫综古今而合度，极变化以从心，技而进乎道者，其友泉徐子乎!"把徐友泉称作穷变化、集大成的一代宗匠，可谓备极推许了。汪文柏在《陶器行赠陈鸣远》诗中有句写道："荆南陶器古所玩，问谁作者时与徐。"可见徐友泉不仅一时被人称重，到了后世，还有人把他和老师时大彬并称。徐友泉的传器如下：（1）失盖紫砂壶，形扁，壶底署"友泉"二字真书。（2）褐砂中壶，式度质朴，壶底镌刻"戊午仲冬，徐友泉制"八字真书款。（3）香港茶具文物馆藏紫砂虎錞壶，壶底署"万历丙辰秋七月，友泉"九字楷书款。（4）香港茶具文物馆藏仿古盉形三足壶，壶底署"友泉"二字。

11.欧正春

欧正春，宜兴人。一作欧子明，江西婺源人。明代制瓷工艺家。活动于万历（1573—1620）年间。擅制宜兴陶器，为时大彬弟子。多规花卉、果物，式度精研。

所造瓷器，形式大半仿钧窑，又称"宜钧"，精巧玲珑，浑朴而妍整。清代程哲《蓉槎蠡说》载："欧窑出南直常州府宜兴县，明欧姓者烧造，有仿哥窑纹片者，有仿官钧窑，彩色甚多，皆花盘奁架，诸器不一，旧者颇佳。"宜兴窑传世品仿哥、仿钧皆有，北京故宫博物院藏有各式瓶洗数件，文献及清宫档案所记大体吻合。欧正春对宜兴瓷器釉彩，有较大贡献。

12.陈用卿

陈用卿，明崇祯时人，制壶名家，善做仿生壶。他所做的仿生紫砂壶，形神兼备，惟妙惟肖，十分名贵。陈用卿善制大壶，式尚工致，丰满自然。所造莲子、汤婆、钵盂、圆珠等式样，不用规矩准绳而自然圆整妍饰。款仿钟太傅帖意，落墨拙而用刀工。吴梅鼎《阳羡茗壶赋》评论用卿壶艺，以浑成醇厚称之。其艺术水平仅次于时大彬。明人张岱在《梦忆》中也评说："宜兴罐以龚春为上，时大彬次之，陈用卿又次之。"由此可见他的壶艺地位，早有定论。其传器有三：（1）淡墨色紫砂圆壶，錾如半环，盖小的圆，壶身镌刻"秋水共长天一色丁卯用卿"十二字。丁卯即明天启七年，其书法仿钟繇，落墨拙而用刀工者，即指此壶。（2）深紫色大壶一具，造工朴拙，壶身镌刻"山中一杯水，可清天地心。用卿古式"句，书法在行草之间。（3）香港茶具文物馆藏弦纹金钱如意壶一具，壶身镌刻草书署"丁卯年。用卿"款。

13.陈仲美

陈仲美，江西婺源人，原是景德镇的制壶名手，工仿古窑器，后慕名到宜兴改业紫砂陶。他的作品，别具一格，所制茗壶，都摹状花果，并缀以草虫为其特色。伸爪出目的"龙戏海涛"尤其出名。茶具之外，他又做过许多文房雅玩，如香盒、花杯、狻猊炉、辟邪、镇纸、鹦鹉杯等陈设物品，都极精工，"重镂叠刻，细极鬼工"，大大开拓了紫砂陶的制作范围。陈仲美实际上是一位雕塑能手，他把瓷雕与紫砂壶艺相结合，其作品匠心独运，不仅施展了瓷雕的绝技，在紫砂壶上附加陶刻艺术的美学要素，重镂精琢，为之增华；而且又擅长塑造，曾塑紫砂"观音大士像"，庄严慈悯，神采焕然，璎珞花鬟，不可思议，把紫砂工艺向塑造艺术推进，为紫砂陶增添了新的光辉和华彩。所可惜的是这位"智兼龙眠、道子"的艺术家，竟以"心思殚竭，以夭天年"。吴梅鼎称颂其壶"巧穷毫发"，周伯高将他的作品列为"神品"。传器有香港艺术馆《宜兴陶艺》刊载：（1）束竹紫圆壶一具。（2）紫砂犀牛一尊。（3）天启甲子四年天鸡壶一具。（4）饕餮六角壶一具。（5）辛酉年饕餮尊一件。

14.沈君用

沈君用，名士良。所制茗壶式色，上承欧正春一派，又近陈仲美风格。作品多浮雕，玲珑透剔，形象逼真；而且善于调配壶土，"色象天错"烧成器皿，有"金石同坚"之美。其制品造型，"不尚正方圆，而笋缝不苟丝发"他未成年时即初露才华，就以艺术精湛离奇而着称，因此时人称他为"沈多梳"。多梳，就是童年垂髫，还没有束发成年的意思。但他因用脑过度，不幸过早去世。据文献记载："巧殚厥心，以甲申四月天。"甲申是崇祯十七年。《阳羡茗壶系》称仲美、君用所制砂器为神品，并对这两位艺人英年早逝，深感惋惜。《阳羡砂壶图考》载沈君用的传器有红泥粗砂小壶一具，流短而鋬反，制作极精，壶底镌刻"大明天启丁卯君用制"楷书三行。丁卯年即天启七年（1627）。

15.沈子澈

沈子澈，明崇祯间浙江桐乡人。善制茗壶、文具，与时大彬齐名。所制壶典雅浑朴，巧夺天工。曾为人制菱花壶，镌铭："石根泉，蒙顶叶，漱齿鲜，涤尘热"。《阳羡名陶录》称"子澈实明季一名手也"。《桃溪客话》云："子澈胜国名手，至其品类，则有龙蛋、印方、螭觯、汉瓶、僧帽、提梁卣、苦节君、扇面方、芦席方，诰宝、圆珠、美人肩、西施乳、束腰菱花、平肩莲子、合菊、……蝉翼、柄云、索耳、番象鼻、鲨鱼皮、天鸡、篆珥、海棠、香合、鹦鹉杯、葵花、茶洗、仿古花樽、十锦杯等，大都炫奇争胜，各有擅长，始举其十一耳。"可见子澈制作，善仿友泉，其壶式也多相类同。传器有长方壶一具，鋬、嘴、的俱方，造型古雅，壶底有"沈子澈制"阳文篆书方印。美国华盛顿弗里尔艺术馆藏葵花棱壶一具，有"崇祯壬午"铭。

16.徐令音

徐令音，明代名艺人，有人说他就是徐友泉的儿子"小徐"。徐喈凤编《重修宜兴县志》里把徐令音与徐友泉、陈用卿、沈君用同列为明代制壶名艺人，想必其造诣在伯仲之间。传器有香港苏士比公司出版的《宜兴陶器》所刊一具鱼头水盛，底镌"徐令音制"阳文小篆章。

17.项圣思

项圣思，虽不见史载，但技艺精湛，以书法篆刻见长，为明末清初时候的巧匠。

所遗精品紫砂桃杯，现藏南京博物院。杯呈朱砂紫色，劈半桃为杯，枝作把手，枝叶缠蔓，桃叶脉胳毕现，精巧玲珑，技艺独绝。这是宜兴紫砂器中极为少见珍品。桃杯口外沿刻七言诗两句："阆苑花前是醉乡，拈翻王母九霞觞。"出自唐代诗人许碏的《醉吟》。作者为桃杯选配的诗句，不仅很好，很准，且能洞察到作者的"胸中丘壑"。这件紫砂桃杯也就成了一首无声的诗，更加耐人寻味。口沿诗下署"圣思"二字，并钤"圣思所作"阳文小印一枚。"圣思"相传为修道人，姓项，能制桃杯，大于常器。花叶干实无一不妙，见者不能释手。廿年前，简翁得此于燕市，归而宝之。杯底叶小损微跛，名手裴石民，时方以第二陈鸣远名于世，善为前人修旧。昨年用宾虹老人之意，为供春壶重配盖。今岁复以鄙请，为此杯加一托，中虚而涵纳之，趾乃定。遂为之记略，兼扬其绝艺，以光于陶史为二美。"简翁即宜兴储南强，此杯于1952年献给国家收藏。

18.惠孟臣

惠孟臣，明天启、崇祯间宜兴陶人。精制茗壶，形制浑朴，而小圆壶则更精妙。其壶以竹刀刻款，以盖内有"永林"篆书小印的为最精。其作品用朱泥、紫砂的多，用白泥的少；制作小壶多，中壶少，大壶最罕。惠孟臣的制品，大壶浑朴，小壶精妙，尤以小壶出名，这就是后世水平壶的前身。这些小壶可圆可扁，也可束腰平底，大为时人所赏识，如蔡寒琼、潘如庵、不耽阁主人、听泉山馆主人、披云楼主人、碧山壶馆主人和部分日本的藏壶家，都藏有孟臣的制品，声誉因之日盛。美国新泽西州的纽沃克博物馆藏有一个朱砂孟臣壶，壶嘴和壶柄曾破裂，被日本人用金漆修补。孟臣壶在华南一带流行最多，但伪托的特别多，如不是精于鉴赏的人，很难辨别它的真假。1975年广东陆丰县发现的明末清初黄霖墓中，曾出土一件孟臣壶。惠孟臣死后三百年，许多有孟臣款的小壶还不停出现，甚至不限于宜兴一地仿造。惠孟臣制的紫砂壶，有早到明天启时代的，也有晚到清雍正二年的，是其后人继续造壶，沿用孟臣的名款及印章的，直到现在还有，可见他的小壶是多么受欢迎。孟臣壶传器较多，有署"文杏馆孟臣制"楷书款的茗壶。而今赝品也多，且书法拙硬，不像原器那么秀娟而不离唐贤风格，仿制者虽精，书法终究不能相比。

19.陈鸣远

陈鸣远，名远，号鹤峰，一号石霞山人，又号"壶隐"别号"鹤邨"，清康熙、雍正年间（1662—1735）宜兴川埠上袁村人。他出身于紫砂世家，其父陈子畦也是明末清初的制壶名匠。《宜兴县志》称陈鸣远是近百年来壶艺成就第一名手。所制茶具、文玩有数十种，制品新颖，是一个善翻新样、塑镂兼长、技艺精湛的大师。他的独到之处是用雕塑装饰与造型相结合，款式书法也雅健有晋唐风格。当时有不少文人雅士对他的造壶艺术作过高度的评价。他的作品，各方争购，在国内外同时流行，并博得"海外争求鸣远碟，宫中艳说大彬壶"的赞句。当时鸣远的碟与大彬的壶，并驾齐驱，声誉很高。陈鸣远的壶艺、盛誉、地位，在紫砂工艺史上确实是可以与供春、时大彬先后并称的"三大名匠"。陈鸣远致力于造壶艺术，开创了一代宜兴紫砂文丽工雅的壶艺风格。他设计作品，包括壶、杯、瓶、盒、文房雅玩，多达数十种，"无不精雅绝伦"，誉者以为"堪与三代古器并列"。他吸收了明代制壶名匠的纤巧华丽的风格，作品文丽工雅而又有超过前人的地方。清人张燕昌在《陶说》里曾对陈鸣远的作品作过"纤巧"的评论。陈鸣远的作品，以技艺精湛及富创新精神而著名，他多才多艺，同时也是一位多产的陶艺家。他的作品类型分布甚广，归纳起来可以分为三类，即茗壶茶具类、文房案头摆件及像生瓜果小品类，以文房雅玩为最，从而丰富了紫砂陶的造型艺术，发展了紫砂陶的品种。陈鸣远的传世作品，在国内外均有收藏。南京博物院所藏南瓜形壶，团山泥胎，砂质温润，色近橘红。构思巧妙，制品新颖，以南瓜为壶体，壶嘴堆塑瓜叶，把手饰瓜茎藤，盖状瓜蒂。壶身筋囊生动自然，嘴把造型和谐统一，叶脉藤纹刻画逼真，妙趣盎然，巧夺天工。壶身一侧镌铭行楷"仿得东陵式，盛来雪乳香"十字，刻款"鸣远"，书法古雅，有晋唐风格，并钤阳文篆书"陈鸣远"方印。另一件较能代表陈鸣远壶艺风格佳作是包袱壶。壶体为一衣包，平面作长方圆角形，形体饱满而不臃肿，布纹褶裥既不失真，又不落自然主义的俗套。嵌盖结构增强了整体感。在状为衣包的壶体上，装一副四方形的嘴把，使整体更有精神。包袱壶制作精巧浑成，风流高雅，韵致怡人，底刻"两腋习习清风生。鸣远"九字。

　　惠逸公与惠孟臣世称"二惠"。惠逸公长于工巧，制壶形式大小与诸色泥质俱备。然而赝品之多，可与孟臣等量。伪作多属小壶。大壶尚罕见。逸公书法，楷行草俱备，且竹刀、钢刀均用，陶刻作品甚佳，非干、嘉后辈所能及。逸公的传器较多，散见于海内外。如新加坡陈之初先生香雪庄藏红泥狮纽壶一具，壶身镌"甘露被野，嘉禾遂生"行草铭，又"生春"隶书铭，"逸公作于东斋"行草款。香港艺术馆《宜兴陶艺》刊圆腹孟臣小壶一件，壶底刻有"逸公监制"四字行书。《宜兴陶器图谱》所刊惠逸公传器，还有以下几件：（1）朱泥大壶两具；（2）朱泥莲子小壶一具；（3）紫泥小壶两具；（4）朱泥薄胎小壶一具；（5）红泥小壶一具。

20.华凤翔

华凤翔，清康、雍年间宜兴人。善仿古器，制品精雅而不失古朴风味，兼长紫砂炉。传器有仿汉方壶一具，参粗砂，作梨皮色，底镌"荆溪华凤翔制"篆书阳文印。全壶巧而不纤，工而能朴，可称神品。香港艺术馆《宜兴陶艺》刊有汉方小壶一具，镌印款式俱与上同，或即为同一壶。

21.许龙文

许龙文，清雍、乾年间宜兴人。技艺受陈仲美、沈君用的影响，所制多花卉象生壶，殚精竭智。壶底常刻二方印，一曰"荆溪"，一曰"龙文"。日本《茗壶图录》选载其代表作品共有四件：（1）名号"倾心佳侣"。流直鋬环，通体以秋葵花为式，千瓣参差，向背分明，瓣在腹者最大，在底者次之，在盖者又次之。的也各施工，流下有二小印："荆溪""龙大"，泥色紫而梨皮。秋葵花与蜀葵相类，故名号称其为"倾心佳侣"。（2）名号"跌坐逃禅"。流弯而短鋬环而整，腹扁而大，胎薄而虚，最宜注瀹。底有二小印："荆溪""龙文"，泥色紫而梨皮，率与"藏六居士"同质，通体或如结跏跌坐，宛然有物外之貌，故号曰："跌坐逃禅"。（3）名号"藏六居士"。流弯而带棱鋬环应之，盖腹底皆共六棱，的成乳形，底镌"惜馀铭"三字真书，也有二小印"荆溪""龙文"，泥色紫而梨皮，较"倾心佳侣"稍淡，通体成龟形，而流鋬有昂首曳尾之态，如动如止，故号曰"藏六居士"。（4）名号"方山逸士"。流直而方，鋬矩而成口字样，盖平坦如棋枰，的似覆斗，纽底有印"许龙文制"。泥色紫而梨皮，形制四面，端正类似方山，故号曰"方山逸士"。

22.陈曼生

陈曼生，名鸿寿，字子恭，又号老曼、曼寿、曼公，还有夹谷亭长、胥溪渔隐、种榆仙客、种榆道人等别称。清乾、嘉间浙江钱塘（今杭州）人，陈士鋬孙。乾隆三十三年生，道光二年卒，在世五十五年。嘉庆六年（1801）他应科举中拔贡，善古文辞，以古学受知于阮云台尚书，与从弟陈云伯同在阮元的幕府中办事。他们都有文才，人称"二陈"。后世尊为西泠八家之一。陈曼生素善书，酷嗜摩崖碑版，所刻铭文，篆、隶、楷、行都有，行楷有法度，八分书尤其简古超逸，篆刻追踪秦汉，兼工花卉、兰竹。著有《种榆仙馆摹印》《种榆仙馆印谱》《种榆仙馆集》《桑连理馆集》等。1935年中华书局曾出版《陈曼生花卉册》。嘉庆二十一年（1816）前后，陈曼生对紫砂茗壶忽然发生兴趣，又结识了宜兴的制壶名手杨彭年、杨宝年、杨凤年兄妹等，并对杨氏"一门眷属"的制壶技艺给予鼓励和支持。更因为自己的爱好，于是在"公余之暇，辨别砂质，创制新样，手绘十八壶式，请杨彭年、邵二泉等制壶"，"壶铭多为幕客江听香、高爽泉、郭频迦、查梅史所作，也有曼生自为之者"。同时，陈曼生及其幕僚在题刻壶铭时，也很注意与壶的形状切合，有独到之处。因此，在紫砂壶史上便产生了"曼生壶"的专有名词。此种制铭名士和制壶名工的合作结晶，固属两美，堪称"珠联璧合"，传世作品是收藏家访求甚殷的。曼生壶底部常用"阿曼陀室""桑连理馆"印记，壶底下部有"彭年""二泉"小章。上海博物馆所藏的一件壶底刻有"仿汉延年飞雁瓦当"的瓦当壶，就是典型的作品。壶呈深紫色，正面为瓦当阳文"延年"二篆字，背面刻"不求其全乃能延年。饮之甘泉，青萝清玩。曼生铭第二千六百十一壶"底钤"阿曼陀室"方印，梢有"彭年"小章。此壶造型借助瓦当设计，铭文则是借题发挥，反映了文人的世界观。

23.杨彭年

　　杨彭年，字二泉，号大鹏，清嘉庆年间荆溪人，一说为浙江桐乡人。生卒年不详。据说乾隆时制壶一般多用陶模衔造，分段合之，其法简易，明代时大彬的手捏法已少传人。但杨彭年是一位制壶名家，他不仅善于配泥，而且壶嘴不用陶模，始复捏造之法，随意用手捏成而有天然之趣，玉色晶光，气韵温雅。他的作品，有的浑朴工致，有的玲珑精巧，为艺林视为珍品。彭年还兼擅刻竹，刻锡也佳。其妹凤年、弟宝年，也都是当年的制壶名手。当时在宜兴邻县溧阳做官的文士陈曼生，不仅爱壶，且有制壶之癖，他慕名特意到宜兴和杨彭年兄妹合作制壶。据传曾绘紫砂茗壶造型十八式新样，陈曼生设计，杨彭年制作，待至泥坯半干，就用竹刀在壶上镌刻书画铭文。他们的制成品有时刻"阿曼陀室"款字，壶底或壶鋬下有"彭年""二泉"小章，世称曼生壶，历来为鉴赏家所珍爱。南京博物院所藏彭年制曼生铭紫砂壶应是杨彭年的代表作。此壶坯体坚致，表面平滑明亮。状如馒头，流肩以下，如"气贯其中"，圆滑如"莼菜"。底大如盘石，极为稳重。盖纽拱起，与壶身的弧度一致，也可以说是壶身的延伸。壶把与壶嘴所占的空间大小相近，分外增加了砂壶的平衡感。壶嘴虽系填塞而成，但杨彭年把壶嘴根部上下做成圆弧形状，软软地与壶身贴在一起，看不出有任何黏接的痕迹，正如"羚羊挂角，无迹可求"。又因壶把向外回转得大了些，作者将壶嘴做长，并稍稍向上，以求得视觉上的谐调。由此可见，杨彭年对这件砂壶的构思和造型确是深有创意。

24.杨宝年

杨宝年，嘉庆年间宜兴人，又名葆年，字公寿。为杨彭年弟，善制茗壶，尤擅捏制法，曾为陈曼生造壶，所选泥料均为名贵的天青泥，紫檀色中微泛蓝，精光内含，温润如玉。制品有时署"公寿"款，世人也有误为胡公寿之作。《阳羡砂壶图考》载杨宝年的传器有砂壶一持，底钤曼生刻"阿曼陀室"印，紫砂井栏式，铭曰："井养不穷，是以知汲古之功。频迦铭公寿作"行书下钤"宝年"二字篆书阳文方印。又香港艺术馆《宜兴陶艺》刊仿曼生铭铜鼓形壶一具，铭曰："鼓咽泉涓润舌田，曼生为一樵"，壶底镌"杨葆年"篆书阳文方印。

25.杨凤年

杨凤年，嘉庆间宜兴人，字玉禽，也称杨氏，为杨彭年的三妹，制壶得家法，其壶艺成就也很突出，作品构思巧妙，浮雕精美，可与其兄杨彭年媲美，是历来公认的最有名望的制壶女名家。当年杨氏兄妹三人都曾为陈曼生造壶，名传遐迩。杨凤年的传世作品也较多。现藏宜兴陶瓷博物馆的"竹段壶"就是她的作品。壶呈紫色，沉着稳重；壶体作竹段形，嘴、鋬均以竹枝竹叶装饰，比例匀称，疏密合度，工艺精巧，为壶中佳品。另一件风卷葵壶，也杨氏所制，造型典雅，以锦花瓣点缀全壶，花姿卷翻，形态逼真，不仅艺术造诣精深，而且盖口紧密，泥色和润。又《阳羡砂壶图考》载传器有一白泥钿盒式壶，铭曰："钿盒丁宁，同注茶经。绮雯书，玉禽制"小楷四行，书法下钤"凤年"篆书阳文长方小印。

26.邵二泉

邵二泉，字景南，嘉、道间人，工镌壶铭，且善制壶，曾为陈曼生造壶。邵景南壶多数为二泉刻字。《阳羡砂壶图考》载传器有白泥大壶一柄，腹钤铭曰："客至何妨煮茗候，诗清只为饮茶多"款署"二泉"。盖内有"志茂"小章，底有"阳羡潘志茂制"章，皆篆书。又紫砂大壶一具，壶身铭曰："十二峰前一望秋。二泉"款皆行书，底镌"竹溪吴月亭制"篆书阳文方印。

27.吴月亭

吴月亭，字竹溪，为杨彭年后辈，善雕刻。有一杨彭年制曼生壶，壶身铭曰："云溪写芭蕉石"，署"竹溪刻"三字，刻工流利。《阳羡砂壶图考》载传器有紫砂大壶一把，底有篆书阳文印曰："竹溪吴月亭制"。又朱泥方壶一具，壶身铭曰："如印传一，如斗量才。觚哉，觚哉。时辛亥夏，南舜道者制"草书八行，分布壶身两面，盖内有"竹溪"小方印。

28.蒋万泉

蒋万泉，道光、同治年间宜兴陶人，虽不见史载，但是当年的制壶名家。作品单纯高绝，不苟丝毫，与邵大亨、黄玉麟齐名。传器中其代表作品有"紫灵壶"，通体无瑕疵，浑圆雍容，触摸细腻，容水顺手，水流玉柱，令人爱不释手。据说上海许四海先生有一把大亨壶，鉴赏家皆赞口不绝，而此壶与其同样形态，水平雷同，真是无独有偶。又南京博物院所藏"紫砂钟形壶"，壶形似钟，流子微曲，壶把椭圆，盖面微凸，壶的圆，底凹进。色泽赭红，形制朴素敦厚，古朴大方。壶底内刻阳文篆书"万泉"小方印。这是目前所发现又一具万泉所制的传世名壶。此外，在上海金山县松隐从清代王玷山墓中发现的陈曼生自铭紫砂竹节壶，是一件至为难得的真品，尤足可贵。

29.冯彩霞

冯彩霞，嘉、道间宜兴陶人，是继杨凤年后又一位杰出的制壶女名家，善制喝功夫茶的水平壶，大如拳头，小如鸡蛋，所制壶有衔制、捏制之别，捏制壶则指纹塍理隐现，尤为夺目，盖以方印为识，有"彩霞监制"四字阳文篆书。彩霞书法颇有欧阳询之韵，所镌款字精谨有致，也间用草书。后受聘于南海伍氏在广东万松园内听涛楼制壶，所制紫砂壶概称"万松园壶"。传器有四：（1）朱泥小壶一具，底镌"中有十分香。彩霞"七字欧体楷书。（2）手捏朱泥小壶一具，底有"彩霞监制"阳文篆书印。（3）紫泥小壶一具，底镌"山青卷白云。彩霞"七字行书且用竹刀刻。（4）香港艺术馆《宜兴陶艺》刊平肩小壶一具，壶底镌"彩霞监制"阳文篆书方印。

30.瞿应绍

瞿应绍，是道光年间参与紫砂壶艺的上海名士，字子冶，一字阶春，初号月壶，晚改号瞿甫，又署老冶，室名"毓秀堂"。清道光间贡生，官玉环同知。工诗词、尺牍、书画、篆刻、鉴古，最善画竹，浓淡疏密，错落有致；兰、柳也工。又擅陶刻，尤好刻竹于紫砂壶上，自号"壶公"，尝请邓奎到宜兴监制，壶之精者子冶自制铭，或绘兰竹，镌于壶上，时人称为"三绝壶"。至于寻常馈赠之品，则嘱邓奎镌铭识。

宜壶之盛，曼生后子冶实为第一人物。子冶制壶，规模效法曼生，且善制砂胎锡壶，与杨彭年合作，柄有"彭年"印记者，即瞿氏手制。瞿氏收藏古器颇富，也善鉴别金石文字。卒年七十。有《月壶题画》《月壶草》等著作传世。瞿应绍往昔传器有：（1）碧山壶馆藏粗砂幼造壶一柄。（2）披云楼藏参砂轻赭色大壶锓梅花一株。（3）八壶精舍藏深朱泥中壶一柄，侵砂堆凸如树瘿，式度古雅，别饶风趣。（4）白泥渗砂中壶一柄。

31.朱　坚

朱坚，嘉、道间浙江绍兴人，字石梅，又号石眉。能画，兼长人物、花卉，工鉴赏，多巧思，砂胎锡壶与陶土镶玉，都是他的创制。且善写作，曾著有《壶史》一书，惜已亡佚。其书法篆隶行楷均劲逸有风致。《阳羡砂壶图考》载传器有：（1）听泉山馆藏夹锡壶一具。（2）碧山壶馆藏紫砂大壶一具。（3）区梦良藏紫砂大壶一具。（4）储南强藏石梅为宋茗香制一壶。

32.申　锡

申锡，道光、咸丰间人，字子贻，善篆刻，喜用白泥，精捏造，巧不可阶。若寻常之品，每用模型，鉴赏家自能辨之。考清代壶艺，能蔚然为名家者，当推子贻为后劲。申锡曾和杨彭年合作制茗壶，敦朴如古铜器。壶工和文人、画家、刻工的合作，往往常见，而两个名壶手合作制一壶，先例则不多。当时申锡和杨彭年齐名，而居长，故有申杨之称。申锡的传器有：（1）古铜色仿古中壶一具。（2）白泥壶一柄。（3）白泥方形硬耳提梁卣一持。（4）香港茶具文物馆藏刻竹铭方斗壶一具。

33.邵大亨

邵大亨，宜兴川埠乡上袁村人，清嘉咸间（1796—1861）制壶大家。他在少年时就享有盛名，是继陈鸣远以后的一代宗匠。他的制壶以浑朴见长，尤其在制简练形体，如掇球、仿古等壶，朴实庄重，气势不凡，更突出紫砂艺术质朴典雅的大度气息，他的壶"力追古人，有过之无不及也"。其鱼化龙壶，伸缩吐注，灵妙天然。他的作品在清代时已被嗜茶者及收藏家视为珍宝，有"一壶千金，几不可得"之说。可见当时他的壶艺声誉之高。现有《鱼化龙壶》《掇球壶》《风卷葵壶》《一捆竹壶》，均藏于南京博物馆。

34.黄玉麟

　　黄玉麟（1842—1914），清末制壶名家，为邵大亨之后又一重要的制壶大家，他所制的壶选泥讲究，作品莹洁圆润，精巧而不失古意，灵妙天然。有说他"每制一壶，必精心构选，积日月而成，非其重价弗予，虽屡空而不改其度"。黄玉麟所制茗壶，多圆式，选泥讲究，作品莹洁圆润，精巧工整。鉴赏家珍之，评价在杨彭年、宝年昆仲之上。黄玉麟曾经被吴大澄和顾荼林先后请到家制壶。吴大澄是当时的金石收藏家，黄玉麟在吴家时能看到很多古代的铜器和陶器，他把这些古器物的艺术特色融化到紫砂壶的创作中，使他的壶艺更加精进，名气大增，给后人留下不少佳作，如"鱼化龙壶""供春壶"等。

35.俞国良

　　俞国良（1866—1937），清末民初制壶名家，曾被吴大澄请去制壶。工精细巧，技艺纯熟，壶的体态雍容谨慎，正如主人之敬恪恭俭。所作红泥四方传炉壶，现藏于宜兴紫砂工艺厂陈列室，此壶于1932年曾获得芝加哥博览会的奖状。壶的造型方中寓圆，棱角浑朴有致，底、腹、口规矩而挺拔有力，是继传统造型中别具特色的造型，时人誉为制作精湛而气格浑成。俞国良的作品多钤"国良"和"锡山俞氏"印，根据后一印，可得知俞氏是锡山人。

36.程寿珍

　　程寿珍（1857—1939），自号"冰心道人"，是近代勤劳多产的名艺人之一，师承其继父邵友庭。所制掇球壶最负盛名，曾多次获国际奖。掇球壶犹如大、中、小三个圆球叠垒，稳健丰润，端正完美，口盖紧密，1915年在美国旧金山举行的太平洋万国巴拿马国际赛会获头等奖后，有"价随声高"之誉。尔后所制掇球壶，一律都有三个印记：壶底内钤"寿珍"篆印，壶盖内钤"真记"楷书小印，而壶底外所镌之铭文印记多达24字篆文："八十二老人作此茗壶，巴拿马和国货物品展览会曾得优奖。"82岁所作之壶传世的共有10把，也有赝品流传，真伪易辨。寿珍壶的早期作品，壶底一般钤"冰心道人"四字篆印。此外，程寿珍所作的仿古壶，气度也不凡，其錾特别粗，盖大而扁平，线型粗细对比得体，壶身、肩、肚、底、盖、纽，骨肉亭匀，错落有致，秀丽中见巧思。而另一件汉扁壶佳作，圆中见方，嘴连肩至錾，贯成一气，肩平盖方，不愧为大家杰作。

37.范大生

范大生（1875—1942）字绳武，号承甫，制壶大家。世居宜兴丁蜀镇西望圩村。其父范生大，本人名大生，其子名承甫、锦甫。范氏家族三代艺人在紫砂壶上同用一个"大生"印款，用了数十年，留下为数较多的紫砂壶名作。19岁起从师名艺人范鼎甫，民国初年被利永陶器公司聘为技师。民国5年又受江苏省立第五中学校长童斐之聘，任校陶业教师。一生勤奋好学，刻苦钻研，制壶技艺精深，《大生壶》名噪一时，传世之作有《合棱》《鱼化龙》《合梅》《一捆竹》《竹鼓》《仿古》《掇球》等壶。造型浑朴有致，色泽匀称，均为壶艺珍品。精心创作的大型陶塑《雄》获1935年英国伦敦艺术博览会金奖。

38.冯桂林

冯桂林（1902—1945），自号卷翁，宜兴宜城镇人，紫砂著名艺人，擅长松竹梅题材及仿真自然塑器。其制品或圆或方，或长或短，或高或矮，或规则或不规则，无不精致细腻，深沉肃穆，给人以"千奇万状信手出，鬼斧神工难类同"之感。冯桂林一生创制紫砂花货精品甚多，仅新品种类就达二百余种，手法新颖，风格独特，构思奇妙，著称于世，为紫砂历史上不可多得的名匠艺师之一。是江苏省立陶器工厂蜀山"陶工传习所"首批艺徒中的高材生，满师后成为紫砂工艺一代名家。其师为程寿珍、范大生。后受雇于"汪裕泰茶庄"制壶，以"卷翁"作印章款。又曾受聘于"吴德盛陶器公司"所制紫砂，器底有"金鼎"商标。

39.顾景舟

顾景舟（1915—1996），原名景洲，别称为曼希、瘦萍、武陵逸人、荆南山樵。自号壶叟、老萍。宜兴紫砂名艺人，光素器巨匠，一代宗师，中国美术家协会会员，中国工艺美术大师。少年即立志于紫砂陶艺创作，从其祖母邵氏（邵大亨后人）学艺，潜心磨炼制作技巧，方二十便已身列紫砂名手之林。20世纪30年代后期至上海制壶仿古。1954年进入宜兴蜀山陶业合作社。1956年被江苏省政府任命为技术辅导，带徒徐汉棠、高海庚、李昌鸿、沈遽华、束凤英、吴群祥等人。一生三次参加全国工艺美术代表大会，在港、澳、台、东南亚影响特大，被海内外誉为"壶艺泰斗"，作品为海内外各大博物馆、文物馆收藏。数十年来饱览历代紫砂精品，深入钻研紫砂陶瓷相关工艺知识，旁涉书法、绘画、金石、篆刻、考古等学术。丰富的人文素养加上精练制壶技艺，酝酿出其紫砂创作的独特艺术风格，而顾景舟对于紫砂陶传器鉴赏亦有高深独到的造诣。他的紫砂作品以茗壶为主，年轻时先由方器入手，兼做圆器，随着其与书画界的交往，逐渐偏重光素器型的制作，最后是以几何形壶奠定其个人风格，找到属于自己的艺术创作方向。其作品特色是，整体造型古朴典雅，形器雄健严谨，线条流畅和谐，大雅而深意无穷，散发浓郁的东方艺术特色。他还与名画家韩美林和中央工艺美术学院张守智教授合作制壶，为砂壶的发展注入现代美学概念。开创紫砂茗壶造型的新意境。

40.蒋 蓉

蒋蓉（1919—2008），别号林凤，江苏省宜兴市川埠洛林人。她是一位杰出的女艺人，也是现代著名的陶艺家。她是我国紫砂工艺界两位声誉最大的老一辈巨匠之一，其造壶艺术成就可与清代杨凤年相媲美。她的作品形象色泽及表面纹理都达到出神入化的境地。蒋蓉11岁随父亲蒋鸿泉学艺，1940年由伯父蒋鸿高带至上海制作仿古紫砂器，曾为虞家花园设计制作花盆，1947年回乡。1955年参加宜兴蜀山陶业生产合作社，创作荷花壶、牡丹壶等。为周恩来总理出国访问赶制的像真果品20套。1955年被评为"紫砂艺人"。1957年制作佛手壶，尝试注浆工艺制作茶壶，提高工效，满足出口订货需要。1958年创作金瓜壶、菱形壶、南瓜烟缸、大栗杯、竹根等数十品种，批量生产。1973年后，创作的白藕酒具，琵琶笔架，蛤蟆捕虫水盂，树桩盆等已大自然为造型，包含生活气息的陶艺作品。1978年被任命为"工艺师"。1983年，创作更具特色，先后有百寿树桩壶、玉兔拜月壶、菊蕊花蝶壶、松果壶、双龙紫砂砚等问世。发表《师法造化，博采众长》的紫砂专论。1989年被评为"高级工艺美术师"，1993年被授予"中国工艺美术大师"称号。

41.朱可心

朱可心（1904—1986），出生于宜兴蜀山镇。父亲朱伯荣以编织草席为生，家道清寒。原名凯长，艺名"可心"。他平生钟爱这种化土石为珠玉的行业，艺术造诣较深，成型技艺全面，擅长塑器造型，是现代著名的壶艺家之一，被誉为紫砂工艺的一代宗师。14岁时拜汪生义为师，与吴根云结为师友。1931年受聘于江苏省立宜兴陶瓷职业学校窑业科技工，此间创作紫砂咖啡具。次年，精心制作云龙鼎和竹节鼎参加美国芝加哥博览会，并荣获"特级优奖"，1953年12月"全国民间艺人观摩大会"携作品云龙壶、圆松竹梅壶参展。1959年他以合作社代表的身份参加北京故宫博物院举办的世界陶瓷展览。其作品松鼠葡萄壶、松竹梅三友壶被选入"中国工艺美术巡回展"

出国展出，并获一等奖。1959年他费时4个多月精心仿制南京博物院珍藏圣思桃杯获殊荣。创作旺盛期，设计制作了如意壶、云玉壶、高峰咖啡具、迎宾酒具、万寿壶、碗梅壶、可心梨式壶等，许多式样成为紫砂工艺陶畅销产品。1964年他精心仿制陈鸣远包袱壶，达到紫砂技艺炉火纯青的地步。朱可心首创一种壶式，多种装饰的手法，深受中外人士的欢迎。朱可心是一位不断进取的艺人，作品多洋溢时代气息。壶艺风格浑厚淳朴，法度合宜，善于从自然及生活中汲取创作灵感和素材。辛勤培育紫砂塑气技艺人才，有潘春芳、许成权、汪寅仙等。

42.裴石民

裴石民（1892—1979）原名德民，又名庆云，出生于宜兴蜀山镇，父业豆腐店营生。他读过几年私塾，15岁辍学后跟姐夫江祖臣学艺，潜心于紫砂陶。据他说改德民为石民的用意，"是为了与紫砂陶更相符合一些的缘故"。艺成后，他22岁到利永陶器公司制作紫砂器，掌握一手精湛技艺，不久他就在紫砂行业中崭露头角，以制品小巧精雅而闻名遐迩。博得"陈鸣远第二"的雅号。宜兴名士储南强，热爱中华民族珍宝，在苏州发现明代供春《树瘿壶》，经名画家黄宾虹考证，黄玉麟所配盖壶与壶不相符合，为此储请裴石民重新配置，并请金石家潘稚亮刻上铭文，后将此珍品献于中国历史博物馆。裴石民的代表作品有串顶秦钟壶、三足鼎壶、素身圆裙壶、梅段壶、松段壶、五蝠蟠桃壶。作品以中、小件为主，每种式样多则五六件，少则二三件。他眼界高，修养深，器物造型古朴完美，在紫砂艺苑中别树一帜。求新求变的精神颇能启迪后人。他制作细货，每件作品都费工时，能收能放。超凡的构思，精湛的技艺，以制成清秀不俗之壶，故没有大批量的作品出现，藏家得之，珍为稀宝。

43.吴云根

吴云根（1892—1969），又名吴芝莱。14岁向汪春荣（生义）学习制陶技艺，与汪宝根、朱可心为师兄弟。1915年，经江苏宜兴利用陶器公司介绍，去山西省平定县平民陶器厂做技师，历时三年，此间不仅传授紫砂陶的成型技术，还利用炭釉炉试验烧成的炉钧紫砂彩釉陶，成为近代宜兴陶艺界向外传播紫砂技艺的杰出代表之一。他待人谦和大度，德艺俱佳，作品如人品敦厚、朴实，大批学子在其扶掖之下，步入紫砂工艺殿堂。现今著名制壶名家中国工艺美术大师吕尧臣以及吴震、何挺初、葛明仙等均出自其门下。汪寅仙最早由他亲沐教泽，并推荐于师弟朱可心处学艺。他长期从事学院的艺事正规教学，十分重视紫砂陶艺的写生技巧，尤其对竹的形态特别关注，达到炉火纯青的境界，教导艺徒们制壶要讲究形似，更重神似，要懂生态规律，识其品相，从生活中体会写生，方能融会贯通。他的制壶风格朴实稳重，擅长光素器、筋纹器制作，于仿制传统产品中别抒机心，善作变化，给人以新颖之感，享有"出神入化"之美誉。他的作品喜用双色泥质表达主体，主体与附件用两种泥色处理，相互呼应，色泽和谐，鲜明得体。造壶讲究整体的气韵，端正稳健，有挺拔之势，流、把、肩、盖处用线过渡十分流畅，触觉舒适、便利、实用；营造艺壶，讲究虚与实、方与圆的对比效果，使壶富有浓郁的古色古香的韵味，点缀装饰细腻逼真，整体造型布局匀称，浑然天成，毫无雕琢之气。

44.王寅春

王寅春（1897—1977），祖籍江苏镇江，出生于宜兴川埠乡上袁村，也是现代一大名师。他幼年家贫，未能进过学堂，早在13岁就拜紫砂艺人金阿寿为师学艺，开始他的造壶艺术生涯。3年满师后，上门帮窑户当制坯客师。1921年起，因他制坯手艺特好，上海客户向他长期定制各式水平壶，他用印"阳羡惜阴室王"盖于壶底，"寅春"章盖于壶，从而名扬上海。后来，蜀山金石篆刻家潘稚亮刻"王寅春"方章相赠，他宝爱此印，一生一直用这方印钤于壶底。1935年，到上海为古董商龚怀希仿制紫砂古董，使他接触明清的紫砂精品，反复揣摩造型特点，研究制作手法，把握住各前辈名人造壶的形和神，成功地复制陈鸣远、徐友泉、陈光明和陈子畦等作者的作品。1937年抗战爆发仍以制壶为业，制作中低档茶壶，这就是盛誉一时的价廉质高的"寅春壶"（他通常只用一颗印章，不论档次高低）。常年制作以高档壶为主，期间也曾制作96头紫砂高档餐具，成为历史之最。1959年、1960年两次被评为省劳动模范，曾带两批艺徒。多次承制国家领导人出国礼品"13头咖啡具""5头梅花周盘茶具"，创作"玉签壶""八方盅钟壶""六方菱花壶""纹井壶"。王寅春是忠于造壶艺术的一代大师，德高望重。他做的紫砂壶，线条挺括清新，口盖准缝严密，每件作品都有显著的个性，技艺有独到之处。代表作亚明方壶、圆条壶等苍劲刚遒；六方菱角壶、梅花周盘壶等挥洒自如；提梁裙花壶、六方抽角壶等庄重与飘逸兼备。他74岁还在制壶，显示了"生命不息，创作不止"的崇高精神。

45.任淦庭

任淦庭（1889—1968），又名干庭，字缶硕，号漱石、石溪、聋人、大聋、左民、左腕道人。排行老三，长兄淦坤，精于刻纸，二哥不幸早逝，四弟淦儒，专攻花鸟人物。幼年只读过三年私塾，但极为刻苦好学，常折树枝席地作画写字，被乡人视为奇才。15岁时，跟随宜兴名雕刻书画家卢兰芳学习紫砂陶刻工艺。满师后在宜兴城吴德盛陶店陶刻作画为主。抗日战争爆发之后，陶业渐有恢复，才又从事紫砂陶器的雕刻，受雇于顺与陶器厂。1955年，艺人归队，参加蜀山陶业生产合作社，并担任理监事。1956年被江苏省命为技术辅导员，当选为江苏省政协委员。1957年和朱可心、顾景舟等参加北京召开的"全国工艺美术艺人代表大会"，和朱德委员长同坐一席。1959年赴京参加建国十周年庆典，出席全国群英会，受到中央领导的亲切接见。任淦庭一生酷爱书画，每天作画不止，留下大量画稿。他潜心研究紫砂陶刻艺术，上承清末宜兴书画、金石家陈懋生、陈研卿、沈瑞田、卢兰芳、韩泰、邵云儒等，下传当今陶刻名家徐秀棠、谭泉海、毛国强、鲍志强、沈汉生、咸仲英、鲍仲梅等，其紫砂陶以传统风格为主，题材广泛，形式多样，画以山水、花鸟、人物、博古图案等为主，尤以梅、竹、兰、菊为胜。书有正、草、隶、篆、钟鼎、甲骨文等种书体。镌刻时以多变的刀法，表达陶刻线条的趣味和美感，将书法、诗词、画意装饰、简约于紫砂陶上，使紫砂艺术相映成题。奇绝处是能用左手或右手对瓶挥毫落墨，画出相同而对称的花鸟、山水、图案。

46.潘春芳

潘春芳，1939年出生于宜兴丁蜀镇。1955年进宜兴紫砂工艺厂工作，曾先后受业于朱可心、王寅春门下，学艺时即初露才华。1958年受聘紫砂中学担任工艺教员。1959年考入中央工艺美术学院修读于陶瓷系。1964年毕业后回厂从事新产品设计及技术管理工作，期间与夫人许成权合作多款新产品，如色泥梅桩小壶、新竹茶具等。1978年随梅健鹰教授研究中国传统陶瓷。1981年到南京艺术学院设立陶瓷设计专业课程，培养设计人才，时有专业论文及陶艺新作问世。曾任南京艺术学院陶瓷美术研究主任、教授。

47.四　海

四海，字紫云，号拾荒人、门外汉，1946年出生于江苏盐城，现居上海。自学紫砂工艺，曾随画家唐云学艺，自称江南一怪。他擅制各式紫砂器，由人物雕塑、工艺摆件以至壶类皆长，如段泥金蟾桩茶具、紫砂束竹三友壶等，构思纤巧，造型奇特。作品"夏意"获国家轻工业部奖，"螃蟹糖缸"获江苏省优奖。他又是紫砂壶收藏家，在上海家中创办"四海茶具馆"。

48.张守智

张守智，1932年出生于河北平泉。1951年进入中央美术学院工艺美术系修读陶瓷专业。1956年后至今，任教于中央工艺美术学院，从20世纪60年代开始研究宜兴紫砂造型，并与多位宜兴紫砂艺人合作创制多款紫砂壶。作品多次参加国内外展览，并入选为北京中南海紫光阁陈设，曾获全国陶瓷美术创作设计评比二等奖和萨格勒布国际小型陶瓷展览评比荣誉奖等多项国际奖项。中央工艺美术学院陶瓷美术系教授。

49.韩美林

韩美林，1936年出生于山东济南。著名美术家，紫砂陶设计专家。1955年进入北京中央工艺美术学院，1960年毕业于该学院染织系。其后从事装饰画创作，并多次参与电影美术及邮票设计工作。他的画作曾在日本、新加坡、美国展出。作品为中国美术馆及新加坡国家博物馆收藏。曾与多位宜兴紫砂艺人合作创制多款紫砂壶式样，造型流美典雅。1989年3月他创建韩美林紫砂工作室，所制紫砂作品风格独特，个性鲜明，可谓当代紫砂一杰。

附录二

历代紫砂专著简介

1.《明清各名家砂壶全角集拓》

《明清各名家砂壶全角集拓》编者为邓实（？—1948），字秋枚，号野残，广东顺德人。他是近代著名的书画收藏家，室名"风雨楼"，藏书画、竹刻、紫砂壶甚富，鉴别也精。清末至上海，主办《国粹学报》，反对君主。邓氏学邃识博，为提倡美术起见，他与近代著名国画大师黄宾虹合作，集古今美术家之著述凡281件、合编成《美术丛书》。此书初刊于1911年，线装本四集四十辑，共160册。所收各书以论述书画为主，此外凡关于艺术珍玩之类论着广为搜辑，有不少是当时已稀见的珍本和秘本，堪称集美术论著之大成。此外，邓实还创设神州国光社，刊印历代画集及《明清各名砂壶全角集拓》等图册，贡献美术界至大。邓实于解放前逝世，享年八十余。

《明清各名家砂壶全角集拓》于民国初年成书印行，封面题字为麋公。早期的紫砂茗壶著作《阳羡茗壶系》《阳羡名陶录》《阳羡茗壶赋》《阳羡名陶说》《陶说》《陶雅》等，都以文字记述成书。我国士人对事物的推崇，常处于言及制造时的法度，所谓形而上者，谓之道；形而下者，谓之器，因此历代文献对器物的记载，总是高唱入云，很少有对器物形状加以记录的。邓氏的《明清各名家砂壶全角集拓》为世人开创了先例，弥足珍贵。全书共选集明清六大名家25件紫砂名壶。其中有：明代时大彬作品4件，清初陈鸣远作品6件，清中期陈曼生、杨彭年作品9件，邓奎符生作品2件，瞿子冶作品4件。这是一批最早的紫砂壶全角拓片，是根据名家名壶实物墨拓而后印行问世的专册，目前在国内仅见到南京图书馆古籍部有此藏书。

全书所集的名家名壶，是从明代万历年间至清代嘉庆、道光年间（1573—1850）前后270多年，正是紫砂壶艺术化发展的三个不同阶段。首先，时大彬是明代壶艺淳朴古雅的代表人物，他在制壶风格上适应了明代士大夫所追求的淡雅超俗的审美情趣。使紫砂壶从日用品转变成可供欣赏的雅玩，这一质变的实践者是时大彬，集拓中有调砂高简壶、僧帽壶和菱花式壶。

第二阶段是清初的陈鸣远，他继承传统壶式，还突破了单纯的几何形体，开创自然形的"象生器"，壶上题刻铭文的风气也是他所开创。集拓中有梅桩壶、束腰方壶、紫砂圆壶等。刻铭有"器堕于地，不可掇也，言出于口，不可及也，慎之哉。"落款为"远"字，下钤"陈鸣远"阳文篆书方印。第三阶段是清中期嘉庆年间的陈曼生与杨彭年合作的"曼生壶"，这是陶工壶艺与文士翰墨结缘的艺术精品，他们把紫砂壶艺术化推向新阶段。集拓中刊有最早的曼生壶是积学斋藏品刻铭井栏提梁壶。编号最多的半瓜圆壶，壶身镌铭"曼公督造茗壶第四千六百十四为犀泉清玩"。还有笠荫壶、半月瓦当壶、合欢壶、饮虹壶、汲直壶等，大都造型简练，诗书画印新颖，铭刻具有哲理。之后，又有邓奎（符生）、瞿子冶等名家，延续曼生壶道路创文人壶的风貌，集拓中有符生邓奎监造的金涂塔壶、子冶刻绘的团泥汉方壶，图文并茂，把紫砂壶的艺术化不断推向前进。

2.《茗壶二十品》

　　朱石梅摹《茗壶二十品》为上海大石斋收藏家唐云先生藏本。书中二十件紫砂茗壶的图像则为承名世钧，每款图像均有陈曼生、郭频迦等人亲笔题句及作铭。从书后陈氏题记可知这二十件紫砂茗壶的工笔白描图，原为汪小迁所绘。汪小迁名鸿。安徽休宁人，花鸟画家，与陈曼生等有深交。

　　《茗壶二十品》成书于癸酉年即清嘉庆十八年（1813）四月二十日。这一年陈曼生四十五岁，是到溧阳任县宰的第二年。此后他在溧阳还生活了二年左右。这两年间，公余当然还会继续设计、制作、题镌紫砂茗壶，可以说《茗壶二十品》仅是陈曼生参与紫砂茗壶事业以后第一年的作品目录。

　　《茗壶二十品》勾摹者朱石梅，名坚，号石眉，清嘉庆、道光年间人，原籍浙江山阴（今绍兴）。精于鉴赏，擅画山水花卉，又工篆刻，尤善铁笔，且多巧思，并首创紫砂胎包锡壶，将紫砂与锡玉工艺相结合，使紫砂茗壶别开生面。著作有《壶史》一书（现已失传）。承名世则是现代上海名士。

　　清嘉庆、道光年间，宜兴制壶名家杨彭年依据陈曼生设计的紫砂茗壶新颖式样，先后制作了许多种不同造型的紫砂茗壶，壶面宽广，宜书宜画。汪小迁为此二十件茗壶绘作工笔线描图，形神兼备，姿态各异。然后，由陈曼生、郭频迦等著写铭文如右，每壶都题取雅号称谓，且有简练而又优美的题句铭文。陈曼生对紫砂壶艺术化的发展、升华起到了重要作用，由他设计、制壶艺人杨彭年等人制作的紫砂茗壶，世称"曼生壶"，开创了紫砂壶艺与诗、书、画、印相结合的新路。

　　"曼生壶"造型的取材是多方面的，如取材自然现象的有"却月""饮虹""横云"等；取材植物形态的有"匏瓜""葫芦"等；取材实用器物的有"钿盒""覆斗""牛铎""井栏""合斗""笠荫"等；取材几何形体的有"汲直""合欢""春胜""圆珠""方壶"等；仿古器物的有"石铫""百衲""古春""飞鸿""天鸡""镜瓦""乳鼎"等。这些造型，经历了一百七十余年，一直影响到现在的紫砂壶产品的设计制作。

　　《茗壶二十品》原本封面上有"陶冶性灵"四字题签，为陈曼生幕友郭频迦所题写。题签边章"老药"篆书方印，乃收藏家唐云的别号。

3.《阳羡茗壶系》

　　明代周高起著。周高起，字伯高，江阴（今江苏省江阴县）人，生卒年不详，据宋伯胤先生考证，周高起生于明代万历二十八年（1600）之前，清顺治二年（1645）清兵攻陷江阴后，他逃至山中，不幸被清兵所捉，索以罚金，他不答应，并怒骂清军，被处死。周高起以博闻多识著称，崇祯十一年（1638）曾修纂《江阴县志》。

《阳羡茗壶系》是紫砂研究史上的第一本专著，在中国陶瓷史上也有重要的地位。

周高起对紫砂壶的喜爱远非一般文人雅士的赏玩可比，他既追溯其源流，也探究其工艺，还从理论上研究紫砂壶的使用保养。作为一介书生，他无力购买时大彬之真品壶，便搜求残破者作为研究之用。《阳羡茗壶系》全文虽仅三千五百余字，却充满真知灼见，是研究早期紫砂壶的必读之书。全书内容包括三部分：陶工、陶土、杂论。其陶工部分以年代先后为序，以师承为纲介绍了明代的紫砂艺人，其重点在于艺人的师承及其自身的特长。陶土部分记述了各种不同颜色紫砂原料的名称、出产地点、烧制前后的颜色变化。有些品种的原料早已绝迹，此文成为珍贵的资料。杂论部分主要记述紫砂壶的使用和保养。周高起客观地分析了紫砂壶作为茶器的优势在于发真茶之香，品饮中能尽享茶之色、声、香、味之韵。而不是如某些人所谓的紫砂壶之妙在于可以隔宿不馊，周氏认为这种人"俗不可医"，然而现代紫砂界仍然有人将这一点作为紫砂壶的优点而津津乐道，诚为可笑。关于"养壶"，周氏亦有精辟之论，他认为砂壶当保持清洁，用后即清洗擦拭，随其使用日久，光泽自发。而对渣滓斑驳、油光闪闪的紫砂壶，贬之曰"和尚光"，是最下等者。试看现在的紫砂爱好者，将隔宿茶渣留在壶内号称"养壶"，壶面任其污垢不加清洗，号称"旧色"，实际是以"和尚光"为尚，正是周氏所不屑者。400年之后，陋习如故，可不叹哉！

《阳羡茗壶系》有多种刊本，目前所见最早的是成书于清康熙三十六年（1697）的《檀几丛书》本，晚些的有清光绪十四年（1888）金祥武刻的《粟香室丛书》本等，再晚的刻本几乎都翻刻自金本。金本与《檀几》本相比在《别派》下增添了"沈子澈"条："崇祯时人，所制壶古雅浑朴。尝为人制菱花壶，铭之曰：'石根泉，蒙顶叶，漱齿鲜，涤尘热'。"此条并非周高起原文，所引壶铭亦不是明代风格，而是清代中期后才有的，不可作为明代壶铭的证据。

4.《紫砂茗陶录》

清代吴骞著。吴骞（1733—1813），字槎客，号揆礼、葵里、愚谷、兔床山人。海宁（今浙江海宁县）人。吴骞擅绘画，工诗赋，亦能治印，喜金石文玩，犹以富藏古籍善本著称。他在周高起《阳羡茗壶系》的基础上，充实内容，撰成《紫砂茗陶录》。

《紫砂茗陶录》成书于乾隆五十一年（1786），分上下两卷。上卷分为原始、选材、本艺、家溯四部分。下卷分为谈丛、文翰两部分。上卷内容多辑录自《阳羡茗壶系》，重新编排而已，仅在家溯部分略有增补。下卷是此书精华所在，谈丛部分收录散见于明清时人书中论及紫砂壶，及茶艺、茶具的片断文字，文翰部分收录明清文人赞咏紫砂器之诗。紫砂陶是当时新出现之物，尚缺乏系统的记录和研究，吴骞汇集的相关诗文为后人保留了珍贵的史料。不过，文人之记述并非全真，亦有道听途说者。如李斗《扬州画舫录》说金沙寺僧所制之紫砂壶具，"以指螺纹为标识"，供春之壶，"以无指螺纹为标识"，还说时大彬"枝指"（六指），"以柄上拇痕为标识"等等，俱是坊间谬传。此外，文翰中还全文抄录了明末鄞州（今浙江宁波）人周容所著《宜兴瓷壶记》。《宜兴瓷壶记》全文虽仅六百余字，却记录了紫砂制作工艺在明代的发展变化，并详录当时紫砂工具的名称、形状和用法，以及紫砂制作的过程细节，是对明代紫砂工艺最直观的描绘，是研究紫砂工艺史的珍贵资料。

5.《茗壶图录》

日本奥玄宝著。奥玄宝（1836—1897），原名奥三郎兵卫，名玄宝，字素养，号兰田、独飞，名其室为"注春居"，死后其藏品转移给了岩崎弥之助。他经营和转销大米、干鱼、油篓商品，东京商法会所创始人之一。书稿成于明治七年（1874）冬，其体例依《宣和博古图录》。该书分两部分，前部为总论，分14个章目，分别为原流、形状、流扳、泥色、品汇、大小、理趣、款识、真赝、无款、衔捍捏、别种、用意。从一个收藏爱好者的角度，记述紫砂的起源、造型、款识、真赝、理趣等各个方面；后部著录32把茶壶，其中除两把白釉瓷壶、一把锡壶外，其余均为紫砂壶。这些壶中，17把是作者的藏品，另外15把是其友人藏品。此书特色之一是作者对紫砂壶的命名，他仿效《茶具图赞》，结合每件茶壶的形状、姿态，以拟人化手法给每件壶一个极具感情色彩的名字，并说明命名的理由和出典，使茶壶具有了鲜活的个性和深远的文化内涵。这32把壶分别名为：梁园遗老、萧山市隐、鹤氅神人、渔童、樵青、独乐园丁、卧龙先生、出离头陀、倾心佳侣、跌坐逃禅、藏六居士、凌波仙子、方山逸士、陶家佳友、俪兰女史、帝乡仙驭、儒雅宗伯、铁石丈夫、银台醉客、绣衣御史、一枝栖隐、老樗散人、浴后妃子、卧轮禅师、红颜少年、采薇山樵、连城封侯、寿阳公主、用拙迁生、风流宰相、逍遥公子、断肠少妇。

此书另一特色是作者将这些茶壶以工笔白描的方式绘成图谱，连印章、款识也精心地描摹下来，除标明壶名、泥色和收藏者外，还精确地标注出每一把壶的通高、腹径、壶深、质量和容积，并描述壶之盖、纽、流、腹、底等细节处的形状。这种科学的记录方法是古代中国陶瓷研究者所不具备的，这些详细的资料为后人的研究工作提供了极大的便利。奥玄宝使用的日本度量衡，名称虽与中国相似，实际是不同的。其度量衡均为十进制，长度单位为寸、分、厘，每寸合公制3.3毫米；质量单位为两、钱、分，每量合公制50克；容积单位为升、合、勺、才，每升合公制1085毫升。

6.《阳羡砂壶图考》

民国时期李景康、张虹著。李景康，字凤坡，南海（今广东省广州市）人，喜藏紫砂壶，有"百壶山馆"。张虹（1891—1968），字谷雏，号申斋，广东顺德人，富收藏，精鉴赏，以所藏古玉、书画、紫砂名闻于香港，有"碧山壶馆"。民国二十六年（1937）两人在香港合作《阳羡砂壶图考》，分上、下两卷，上卷为文字考证，下卷为图版。当此之际，抗日战争突然爆发，只有上卷印出，下卷未及出版。

此书由叶恭绰作序。上卷分年代统系、壶艺列传、土质出产、制工窑火、赏鉴丛话、前贤文翰、时人题咏、名家传器、雅流传器、待考传器、别乘传器、附记传器共12类。壶艺列传包括创始七人、正传13人、别传35人、雅流55人世间、待考35人，共计145人。该书下卷收壶图113幅，附以铭款、印章，所录砂壶都是"百壶山馆"和"碧山壶馆"藏品和当时藏界之珍品，还有前代著录中之可考者。这本图文并茂，有收藏者姓名和砂壶详细资料的紫砂专着，具有极重要的史料价值。可惜自此书出版以来，读者只能看到上卷的文字部分，无缘得见下卷壶图。好在下卷遗著经台湾詹勋华先生的努力，已重见天日，并收入其《宜兴陶器图谱》中。

值得注意的是，民国时期是仿造古壶的鼎盛期，有实力的古董商不惜代价仿制或臆造古壶，所聘之工匠亦是当时紫砂界之翘楚，制作了一批足以乱真的明清紫砂壶赝品。对这些壶，《阳羡砂壶图考》或失于考证，或出于个人利益知而不言，这是读此书时应当了解的。

7.《紫砂名陶典籍》

高英姿著。此书注释了《阳羡茗壶系》《紫砂茗陶录》《茗壶图录》《阳羡砂壶图考》四册书。作者高英姿是当代中国紫砂工艺大师高海庚的女儿，现任南京师范大学艺术学院教授。她既熟悉宜兴紫砂传统工艺，又受过现代高等教育，这样就避免了一般陶瓷研究者只重文字理论，不重实际工艺的纸上谈兵，也避免了紫砂从业者固步自封、故弄玄虚式的高谈阔论。在注释时，她以专业的知识指出了许多前代作者的谬误，对书中论述不清楚的地方，做了一些必要的补充说明。

此书将古代最重要的四部紫砂著作集中注释，版本选择精严，校订也比较仔细，其注解繁简得当，对于想深入研究紫砂壶的读者，是极有参考价值的一本书。

8.《紫砂春秋》

史俊棠、盛畔松主编。1990年，上海《文汇报》和宜兴紫砂工艺二厂联合举办旨在弘扬紫砂文化、推动紫砂研究的"紫砂文化征文奖"活动，这次活动共征集一百五十余篇稿件，一部分是以前公开发表过的，一部分是专门为此次活动撰写的论文。活动组织者从中选出60篇优秀文稿，集为此书。全书分为"溯源话艺""紫艺论丛""艺苑掇英""文人题咏"及"附录"五个版块，比较全面地介绍和研究了紫砂陶的发展历史、工艺特点和一些优秀紫砂艺人独到的技术特色。论文作者既有著名的紫砂工艺大师，如顾景舟、徐汉棠、徐秀棠、汪寅仙等，也有海内外知名的紫砂收藏家和研究者，如罗桂祥、谢瑞华，还有紫砂名师的后辈如王寅春之子王石耕等。其内容既有对紫砂艺术作总体阐释的文章，如顾景舟所写《简谈紫砂陶艺鉴赏》，将紫砂之美归纳为形、神、气、态四个要素，概括精辟；也有紫砂壶创作的经验总结，如张守智、汪寅仙所写《"曲"壶的设计》，记述了作者创作"曲"壶的过程，具体到设计、制作、技术要求等步骤，使我们了解一种新壶式诞生的全过程，对紫砂之美的鉴赏能力得到进一步提高；还有对紫砂原料及成品的科学分析，如韩人杰等所写《宜兴紫砂陶的生产工艺特点和显微结构》，用科学的检测方法、精确的数据分析为紫砂研究打下坚实的理论基础。书后还附有明代周高起《阳羡茗壶系》和清代吴骞《紫砂茗陶录》，并对原著增加了标点，以方便读者阅读。

此书是紫砂研究成果的第一次系统汇集，内容详实，资料丰富，是了解紫砂艺术的一本入门书，也是紫砂研究的必读书。

9.《宜兴紫砂珍赏》

顾景舟主编。这是第一部由宜兴紫砂大师亲自编着的大型彩色画册，分历史和现代两部分，收录最精美的宜兴紫砂制品511件（套），其中历史部分（1949年前）167件，包括58位从明、清到民国的艺人，现代部分344件（套），囊括了当代最优秀的91位工艺师。图版之前，有主编顾景舟、李昌鸿和徐秀棠撰写的三篇精论文，涉及紫砂陶史、生产工艺和宜兴悠久的茶陶历史。

紫砂陶的仿制历代不绝，民国时尤甚，而仿制技艺也愈来愈精，给后代的鉴别带来很大困难。顾景舟先生以其精湛的技术为依托，辅以渊博的见闻学识，对古代遗存的紫砂做了细心的甄别，凡断定为真品者，均标明工匠姓名，对有疑问的作品，则只实录铭款。作为民国时期的仿制参与者，顾景舟这种谨慎的态度，给后人鉴别真伪提供了依据。此外，编者还为此书中重要的作品撰写了精当的品评文字，便于读者赏析。

10.《中国紫砂》

徐秀棠著。徐秀棠，1937年出生于宜兴紫砂陶艺世家，师从著名陶刻艺人任淦庭，后至中央工艺美院学习雕塑，其紫砂雕塑作品多次获奖。1995被授予"中国工艺大师"称号。

《中国紫砂》是中国第一本全面系统地介绍紫砂陶发展历史及艺术成就的专书，作者既有丰富的实践经验，又有良好的文化素养，此书既是紫砂实践经验的总结，也是紫砂历史和理论的概括。然而，此书并不是所谓紫砂简史似的平淡记述，而是有所侧重，在具体的问题上做深入的研究，并提出自己独到的见解，这使此书既有系统完整的脉络，在局部又有相对独立的专题研究。比如"紫砂壶的装饰艺术"和"紫砂雕塑及其他品种"等章节，都是如此。

此书图文并茂，图片精美，语言通俗流畅，对紫砂陶艺的普及和推广，起到巨大的作用。但遗憾的是此书收录的紫砂壶较少。

11.《宜兴紫砂鉴定与鉴赏》

张浦生、王健华著。张浦生，1934年3月生，南京博物院研究员，著名青花瓷和紫砂壶专家。王健华，1955年生，故宫博物院古器物部陶瓷组研究馆员。

此书作者长期从事文博工作，在紫砂的研究中，更重视考古证据和文献资料，重视对标准器的分析和研究。以考古学的理论和方法来研究紫砂陶，这是此书与一般紫砂从业者和民间收藏者著书的最大区别。此书"故宫博物院收藏宜兴紫砂概况"一章详细介绍了北京故宫所藏的一批紫砂珍品，其中有一些是康熙、雍正和乾隆皇帝的御用品，代表了当时紫砂制作的最高水平，是极难得的实物资料。"紫砂器鉴定与鉴赏的相关资料"一章介绍了一批明清墓葬出土的紫砂壶，有些墓葬有准确的纪年，这些紫砂壶作为标准器，成为紫砂真伪鉴定中的标尺。

此书论述周详，剖析精微，其内容可贵，思路可学。

12.《中国紫砂茗壶珍赏》

韩其楼、夏俊伟著。韩其楼，1930年生于江苏宜兴，长期在家乡从事新闻工作，研究紫砂陶近40年，成绩显著。夏俊伟，1946年生于宜兴，1968年毕业于南京艺术学院，一直在宜兴从事紫砂教学研究和设计工作。

此书分"欣赏篇"和"知识篇"两部分。"欣赏篇"按年代顺序，收录明代至近代名家紫砂壶三百余把，现代艺人作品三百余把，用清晰的图片和详细的文字介绍作者及作品，包括其造型、泥色、款识、尺寸、藏地等信息，既可欣赏精美的紫砂壶，也具有学术参考价值。"知识篇"包括"紫砂矿土材质与练制""紫砂壶成型技法""紫砂壶鉴赏常用术语""印章与款识"四部分，是紫砂知识的汇集，给爱好者提供了很大的方便。但此书因内容庞杂，有考订不精严之处，是白玉之瑕。

13.《砂壶汇赏》

　　徐湖平主编。2004年9月，南京博物院和中国台湾财团法人成阳艺术文化基金会在南京博物院联合举办《砂壶汇赏》展，参展作品由三部分组成：截止到2004年国内出土的最重要的29把紫砂壶，南京博物院精选藏品31把，以及成阳艺术文化基金会选送的30把精美紫砂壶，此书便是这次展品的汇集。能在一本书里集中看到这么多精美的明清紫砂壶，尤其是有准确年代的出土紫砂壶，并附有详尽的资料，是此书最吸引人的地方。

明代至民国初年常见紫砂
款识一览表

朝　代	工　匠	款　识	主要活跃年代
明代	龚　春	供春	正德
	时　鹏	时鹏	万历
	时大彬	大彬、时大彬制	万历
	李茂林	李茂林造	万历
	陈用卿	陈用卿制	万历
	徐友泉	友泉	万历
	陈信卿	信卿	万历
	陈仲美	陈仲美	万历
	陈子畦	陈子畦	崇祯
明末清初	惠孟臣	孟臣制、荆溪惠孟臣制	明末清初
	项圣思	圣思	明末清初
清代	陈鸣远	鸣远、陈鸣远制	顺治至康熙
	华凤翔	荆溪华凤翔制	康熙
	陈荫千	陈荫千制	清中期
	邵旭茂	荆溪邵旭茂制	乾隆至嘉庆
	史维高	荆溪史维高制	乾隆至嘉庆
	杨季初	杨季初	乾隆至嘉庆
	潘虔荣	虔荣制	乾隆至嘉庆
	邵梭根	邵梭根制	嘉庆至道光
	邵大亨	大亨	嘉庆至道光
	邵友兰	友兰秘制	嘉庆至道光
	邵二泉	二泉	嘉庆至道光
	杨彭年	彭年、阿曼陀室、杨彭年造	嘉庆
	陈曼生	陈曼生制、阿曼陀室	乾隆至道光
	杨凤年	杨氏	嘉庆
	宋　坚	石某仿制、石某摹古	嘉庆至道光
	申　锡	申锡	道光
	蒋德林	万泉	道光至同治
	瞿应绍	子冶	道光至同治
	邓　奎	符生邓奎监造	道光前后
	邵友廷	友廷	道光至同治
	邵维新	邵维新制	道光至同治
	黄玉麟	玉麟	清末
	梅调鼎	赧翁	道光至咸丰
	王东石	东石	清末
清末民初	赵松亭	宜兴松亭自造	清末民初
	程寿珍	寿珍	清末民初
	陈光明	光明、陈光明制	清末民初
	俞国良	国良、锡山俞氏	清末民初
	范大生	大生	清末民初
	范锦甫	锦甫	清末民初